Dez Mitos
sobre os judeus

Dez Mitos
sobre os judeus

Maria Luiza Tucci Carneiro

PREFÁCIO
Kabengele Munanga

2ª edição revisada e ampliada

Ateliê Editorial

Copyright © 2014 by Maria Luiza Tucci Carneiro

Direitos reservados e protegidos pela Lei 9.610 de 19.02.1998.
É proibida a reprodução total ou parcial sem autorização, por escrito, da editora.

1ª edição, 2014
2ª edição, 2019

Dados Internacionais de Catalogação na Publicação (CIP)
(Câmara Brasileira do Livro, SP, Brasil)

Carneiro, Maria Luiza Tucci
   Dez Mitos sobre os Judeus / Maria Luiza Tucci Carneiro; prefácio Kabengele
Munanga. – 2. ed. rev. e ampl. – Cotia, SP: Ateliê Editorial, 2019.

   ISBN 978-85-7480-843-7
   Bibliografia

   1. Antissemitismo – História 2. Judeus – História 3. Mito I. Munanga,
Kabengele. II. Título.

19-30787   CDD-909.04924

Índices para catálogo sistemático:

1. Judeus: Mitos: História   909.04924

Maria Paula C. Riyuzo – Bibliotecária –CRB-8/7639

Direitos reservados à

ATELIÊ EDITORIAL
Estrada da Aldeia de Carapicuíba, 897
06709-300 – Cotia – SP – Brasil
Tel.: (11) 4702-5915
www.atelie.com.br | contato@atelie.com.br
facebook.com/atelieeditorial | blog.atelie.com.br

Printed in Brazil 2019
Foi feito o depósito legal

"Os mitos são feitos para que o imaginário os anime."

— *Albert Camus*

Sumário

Mensagem da B'nai B'rith do Brasil – Abraham Goldstein 9

Prefácio – Kabengele Munanga 11

Introdução 15

Fontes promotoras do mito........................ 23

Dez mitos sobre os judeus

Mito 1: Os judeus mataram Cristo.................. 43

Mito 2: Os judeus são uma entidade secreta 75

Mito 3: Os judeus dominam a economia mundial..... 97

Mito 4: Não existem judeus pobres 133

Mito 5: Os judeus são avarentos 147

Mito 6: Os judeus não têm pátria 167

Mito 7: Os judeus são racistas 201

Mito 8: Os judeus são parasitas................... 215

Mito 9: Os judeus controlam a mídia.............. 233

Mito 10: Os judeus manipulam os Estados Unidos ... 245

Representação do mito 267

Fontes 275

Bibliografia.................................. 281

Sobre a Autora 293

MENSAGEM DA B'NAI B'RITH DO BRASIL

O livro elaborado pela historiadora Maria Luiza Tucci Carneiro demonstra como são possíveis e sobrevivem, ao longo de séculos, os mitos entre nós, seres humanos, que nem sempre colaboraram para a convivência harmoniosa entre partes da nossa sociedade, tanto brasileira como mundial. Segmentos interessados na discriminação e na exclusão de certos grupos étnicos, políticos e sociais, têm reciclado estes mitos prejudicando a coexistência entre os povos.

"Conhecê-los é o melhor passo para superá-los."

Esta é a mensagem divulgada pela B'nai B'rith do Brasil que, através dos *Dez Mitos sobre os Judeus*, investe contra a circulação dos discursos de ódio que se apropriam destes mitos para manter em circulação o antissemitismo.

A B'nai B'rith do Brasil, fundada em 1843, instalou-se em São Paulo, Brasil em 1932. Hoje está presente em mais de cinquenta países, com representação, como ONG, na Organização das Nações Unidas, na Organização dos Estados Americanos, no Mercosul e na Comunidade Europeia. Sobreviveu a muitos momentos de intolerância e destruição, sabendo sempre, com determinação e sabedoria manter e praticar os seus valores fundamentais.

Defendemos os Direitos Humanos, mas sempre acompanhados da responsabilidade do cumprimento dos Deveres para uma coexistência pacífica e harmoniosa em sociedade.

Acreditamos na Liberdade e Democracia que se sustenta, prolifera e floresce se cada cidadão ou cidadã estiverem adequadamente educadas e aculturadas reconhecendo o valor da diversidade tanto cultural como humana.

Por isso, nos preocupamos e agimos em consonância com as premissas fundamentais do Judaísmo que são TZEDAKÁ – justiça social e TIKUN OLAM – atuação por um mundo melhor para todos.

Abraham Goldstein
Presidente da B'nai B'rith do Brasil

PREFÁCIO

O livro *Dez Mitos sobre os Judeus*, de Maria Luiza Tucci Carneiro, é, começando pelo seu título, bastante sugestivo. Embora a palavra breviário faça alusão ao livro do Ofício Divino, livro de leituras e preces cotidianas, utilizado por religiosos e clérigos da Igreja Católica, não é disso que se trata, pois o breviário de Tucci Carneiro contém dez dos mais popularizados mitos sobre os judeus do mundo. Mas não se enganem, pois não estão em questão os mitos positivamente construídos pelos próprios judeus em torno de sua união e identidade religiosa. Trata-se de mitos criados por "outros" numa visão preconceituosa e depreciativa, e, mais do que isto, com intenção acusatória e condenatória. São mitos construídos para reificar e atualizar os sentimentos de discriminação, hostilidade e ódio que remonta à noite dos tempos. O que está por trás desses mitos não é a intenção de se aproveitar deles para contar a história dos horrores ou para pedir penitência pelo ocorrido no processo de construção do antijudaísmo e do antissemitismo; pelo contrário. Os mitos retratados pela autora nos transportam, através de sua rica análise, ao coração da função política e ideológica dos mesmos. O que justifica sua constante atualização não apenas na atualidade e cotidianos brasileiros, mas também no plano mundial.

Como escreveu o antropólogo funcionalista B. Malinowski, o mito é uma espécie de mapa sociológico. Ele expressa, salienta, codifica as crenças e dita as regras de conduta aos membros de uma sociedade. Podemos detectar no interior de cada um dos dez mitos elegidos pela autora três planos de realidades possíveis. No primeiro plano, que se situaria na estrutura política da sociedade, o mito oferece o modelo informativo e o modelo exemplar da conduta social. Quem matou Jesus foram os judeus (modelo informativo). O que fazer com os assassinos de Jesus? Perdoá-los e amá-los como o próprio Jesus recomenda ou detestá-los e persegui-los? As histórias da Inquisição ibérica e das cruzadas me parecem desmentir a ideia do perdão cristão! Já que a "pertinência nociva" dos judeus está submersa em seu sangue, daí a ideia da limpeza de sangue, recomenda-se no plano da conduta social redobrar a atenção e o cuidado em nossas relações cotidianas com "esse" povo. No segundo plano do mito, encontramos as ideias e as crenças, sendo o mito uma estratégia política. Ao afirmar que os judeus são uma entidade secreta, o mito evoca a ideia de conspiração e de ameaça constante à paz mundial e alerta o mundo para o perigo que essa entidade, como outras sociedades secretas, pode provocar na vida de nossas sociedades. O mito os acusa e condena pelo mesmo crime de suas queixas na história da humanidade e consequentemente os joga no vale comum de todos os racistas do mundo. Ao afirmar que os judeus manipulam os Estados Unidos, logo um país considerado como imperialista e o mais poderoso do nosso mundo contemporâneo, o mito exalta a periculosidade dos judeus não apenas no âmbito nacional dos países onde são cidadãos, mas também no plano internacional, já que, além de manipular a nação mais poderosa do mundo, eles dominam a economia mundial e controlam o poder das mídias. No terceiro plano, o mito dita as regras de conduta, de acordo com o interesse de seus criadores, visando à educação, ao relacionamento entre judeus e não judeus, entre seres humanos e instituições.

De modo geral, os dez mitos comentados e analisados no breviário de Maria Luiza Tucci Carneiro convergem e nos lançam um convite para penetrar na dramaturgia de um povo, em sua história negativamente poetizada e ajuda-nos a perceber uma dimensão da realidade humana: a importância da função simbolizante da imaginação. Escrito num estilo atraente, linear e acessível, este breviário nos embala numa leitura instigante, chamando sempre a atenção sobre a função política desse conjunto de dez mitos por ela escolhidos. Os judeus não são os únicos sujeitos/objetos de mitos em nossa sociedade, salienta a autora: as mulheres, os indígenas, os ciganos, os negros e os homossexuais são também objetos de mitos e das piadas que, mesmo contadas de maneira lúdica, não deixam, apesar dos risos relaxantes, de nos transportar ao mundo simbólico cujos efeitos políticos e ideológicos não devemos minimizar.

Kabengele Munanga
SÃO PAULO, 2014

INTRODUÇÃO

Dez Mitos sobre os Judeus convida os leitores a uma viagem de exploração ao imaginário coletivo e à reflexão sobre a persistência de um pensamento antissemita desde a antiguidade até os dias atuais. Este livro – que guarda alguns dos principais mitos sobre os judeus – foi organizado no formato de um *breviário*, ou seja, uma composição de textos breves que podem ser lidos em doses homeopáticas. Não têm uma ordem obrigatória, apesar de numerados, pois assim são os mitos: cada qual tem vida própria, formando um imbricamento, como se estivessem sobrepostos em partes, como escamas ou telhas, unidos num enraizamento profundo advindo do substrato construído de geração em geração. Por parecerem verdadeiros, têm como atributo a verossimilhança com uma realidade portadora de uma aparência ou de uma probabilidade de verdade. Daí o nível elevado de convencimento de um mito que, alimentado pela cultura popular e erudita, engana.

Creio que é um livro provocativo por reconstituir dez grandes mentiras com as quais convivemos diariamente, muitas vezes, sem nada saber sobre suas origens e propósitos. Daí a pergunta: por que e como sobrevivem os mitos? Em primeiro lugar, considero importante esclarecer o sentido de *mito* empregado neste breviário: não trataremos aqui de mitos cujas narrativas procuram explicar fenômenos da natureza, as origens do homem ou do mundo, valendo-nos das figuras imaginárias de deuses, semideuses e heróis, a exemplo das mitologias das antigas civilizações grega ou romana. Não trataremos de mitos folclóricos, mitos de origem e distinção, mitos fundadores ou mitos religiosos. Nosso objeto, neste momento, é o *mito político* sobre os judeus, sua circulação e repercussão nas sociedades contemporâneas com atenção especial para as narrativas e representações que instigam o ódio revitalizando preconceitos seculares. Futuramente, cabe reconstituir também, em um outro breviário, os mitos sobre os negros, ciganos, indígenas etc.

O historiador Raoul Girardet diz que mitos políticos são "como o sonho que se organiza em uma dinâmica de imagens [...] que se encadeiam, nascem uma da outra, chamam uma à outra, respondem-se e confundem-se; por um jogo complexo de associações visuais". Em síntese: seus contornos são imprecisos, "imbricam-se, interpenetram-se e perdem-se muitas vezes um no outro", estando como que amarrados por uma rede sutil e poderosa de liames de complementaridade que "não cessa de manter entre eles passagens, transições e interferências"[1].

Um mito político não é simplesmente um fenômeno social ou uma ideia. É muito mais: é a *representação* que se faz de determinados fenômenos, pessoas ou ideias, gerando uma mentira que será usada como verdade. O mito é elaborado, ou seja, modelado com o objetivo de "fazer crer"; construído para enganar um determinado grupo que acredita no que ouve ou pensa que vê. Enfim, o mito mente e consegue se manter através da repetição e da constante reelaboração da sua narrativa, sempre sedutora, exagerada nos detalhes. Assim, para tentarmos compreender os mitos que regem o antissemitismo secular e sempre atual, iremos analisar dez narrativas que contam diferentes estórias sobre os judeus e que, no seu conjunto, dão corpo e substância ao mito. Por persistir ao longo de séculos, o mito é também história, pois um pseudossaber foi construído de forma a legitimar a versão daqueles que, por algum interesse, insistem na ideia de

---

1. Raoul Girardet, *Mitos e Mitologias Políticas*, tradução de Maria Lucia Machado, São Paulo, Companhia das Letras, 1987, pp. 16-17.

que os judeus são uma "raça" ou grupo indesejável. Tais "marcas" colaboram para a composição de uma imagem deformada do povo judeu como um todo, delineado através de imagens antiestéticas, diabólicas, aterrorizantes e antissociais. O senso comum ignora a existência de uma comunidade judaica integrada à sociedade, multicultural e empreendedora na economia (comércio, indústria etc.), como também no campo da medicina, da literatura, da filosofia e das artes, para citar alguns exemplos.

Um conjunto de elementos simbólicos e míticos são diariamente acionados pela mídia e pela tradição oral, mantendo viva a mentira que, cada vez mais, ganha projeção nos cenários do mundo globalizado. Persiste ainda, desde séculos passados, o "ouvi dizer", que colabora para desencadear uma sucessão de falsas imagens que, no seu conjunto, exploram os fundamentos inconscientes das crenças coletivas.

Geralmente, o mito – que é polimorfo, dinâmico, invisível e multifacetado – adapta-se aos terrenos férteis cavados pela ignorância e conquista novos adeptos que, no futuro, serão promotores do mito. É comum – como podemos constatar pelos documentos (sinais ou vestígios) deixados pelo mito, que a narrativa faz uma combinação com as tradições regionais que oferecem elementos inspirados na realidade, favorecendo a crença na mentira. Tal constatação demonstra que há uma persistência das práticas totalitárias que, nas décadas de 1930 e 1940, inspiraram a construção de "demônios" e conspirações mundiais que, certamente, colaboraram para acelerar muitos dos planos genocidas articulados pela Alemanha nazista. Os "demônios hitleristas" sobrevivem sob múltiplas facetas, determinados por representações que os mantêm na ordem do dia[2].

Considerando o mito político como um dos responsáveis pela radicalização do pensamento racista em vários países do mundo, convém analisar o processo de *construção* desse discurso que instiga o ódio aos judeus e a Israel. Tendo em vista a dinâmica dos mitos políticos, buscaremos explicitar sua *gênese, transformação* e *proliferação*, na maioria das vezes comandadas por vozes distintas. Vozes que estão presentes no nosso cotidiano, difíceis de ser identificadas por ser esta uma das capacidades do mito: a de se metamorfosear como um camaleão e de se multiplicar como um vírus, sem diagnóstico previsível. Cabe a nós denunciá-lo, buscando as linhas de convergência que nos levam aos produtores, sujeitos ativos da violência e do ódio ao Outro. Muitas vezes, os mitos circulam como uma

---

2. Sobre este tema cito os importantes estudos de León Poliakov, dentre os quais: *A Causalidade Diabólica* 1, São Paulo, Perspectiva, 1991; *O Mito Ariano. Ensaios sobre as Fontes do Racismo e dos Nacionalismos*, São Paulo, Perspectiva, 1974.

cultura de periferia, sendo interpretados como ingênuos, sem intenção de matar. Mas, se reavaliados no seu conjunto, podem trazer graves consequências para o ser humano, como aconteceu durante a Era Nazista.

Para este breviário, optamos por analisar apenas dez mitos contra os judeus. Existem muitos outros, alguns seculares, e não apenas sobre os judeus. Neste grupo dos párias sociais, incluímos: os ciganos, os negros, os indígenas, os homossexuais, dentre outros. Daí a preocupação de investigarmos as raízes dos mitos que persistem sob o viés da modernidade e da memória coletiva. Ao detectarmos os dez principais mitos que circulam no mundo contemporâneo sobre os judeus, estaremos também questionando como e por que razão se processam tais mudanças mentais alimentadas pela mentira e/ou deturpação dos fatos.

Por suas raízes históricas, o antissemitismo é fruto do mito que, por excelência, tem a capacidade de deformar a realidade e de se metamorfosear, aproveitando-se dos momentos de crise aguda em que os valores têm de ser (re)ordenados. Enfim, analisando o foco promotor deste fenômeno social e político, é possível identificar as diferentes formatações do mito que coexistem na sociedade mais ampla, variando quanto aos seus fundamentos e intensidades. A mentira, o exagero, a generalização e a deturpação dos fatos históricos emergem com o intuito de atiçar o ódio contra os judeus. Daí a circulação de múltiplas "versões" imbricadas que se tornam cada vez mais latentes e aguçadas pela crise no Oriente Médio, pela reafirmação política dos grupos de extrema-direita e dos grupos terroristas, defensores de programas de exclusão e destruição de Israel e do povo judeu pela violência, física ou simbólica.

Considerando-se que o mito sustenta o antissemitismo histórico, ressalto que sua narrativa é sempre acusadora, impregnada de estigmas. A cada versão da mentira, o processo de construção do mito vai sendo reforçado, ao longo dos tempos, por um conjunto de outras narrativas, cuja dinâmica abrange o mito do herege, do Judeu Errante, da "raça" pura, do povo "bárbaro, falso e hipócrita", do povo invasor, apenas para citar alguns exemplos. Dentre os mitos que reforçam as versões antissemitas temos: os judeus "dominam a economia mundial", "funcionam como uma entidade secreta", "mataram Jesus Cristo", "não existem judeus pobres", "eles controlam a mídia", "são racistas", "se consideram superiores", "são avarentos", "não querem se integrar nas sociedades onde vivem", "são um povo sem terra e sem pátria" e "manipulam os EUA", apenas para citar os mais comuns.

FONTES PROMOTORAS DO MITO

As narrativas dos mitos sobre os judeus têm em comum o tom acusador, persistindo sempre a ideia de que os judeus são culpados e/ou responsabilizados por um delito, com ou sem violência. Em síntese: nos momentos de crise, quando os valores são (re)ordenados, os judeus despontam como "bode expiatório", o inimigo-objetivo, imagem que continua sendo alimentada assim que a normalidade é restabelecida.

São desqualificados por sua cultura, agredidos física ou simbolicamente através de *slogans* apropriados do discurso antissemita. Ao longo da história percebemos que várias outras minorias ou grupos marginalizados foram também usados como "bode expiatório" de algum infortúnio ou fracasso: assim os judeus não são os únicos. Basta olhar com um pouco mais de atenção os mitos que circulam sobre os afrodescendentes e os ciganos.

Fica evidente – ao longo da história, desde a antiguidade aos dias atuais – que alguém deve responder pelos *"males que afligem a nação"*, expressão aplicada, por exemplo, durante a proliferação da Peste Negra, pandemia mundial que matou milhões de pessoas na Europa durante a Baixa Idade Média (século xiv). A mesma expressão foi também usada pela Inquisição ibérica para acusar os cristãos-novos, assim como pela propaganda antissemita idealizada pela Alemanha nazista, responsabilizando os judeus pela tragédia que acometia o povo alemão desde o final da Primeira Guerra Mundial.

O conceito de bode expiatório, no entanto, é mais antigo do que imaginamos. Tem suas raízes na própria tradição judaica, no chamado *Dia da Expiação*, citado no livro bíblico do Levítico 16: 5-28. Durante este evento, os hebreus organizavam uma série de rituais para purificar a sua nação, usando dois bodes que, por sorteio, teriam destinos diferentes. Um deles seria sacrificado junto com um touro e seu sangue usado para marcar as paredes do templo; o outro – poupado da morte ritual – recebia a missão de carregar os pecados do povo de Israel que eram, simbolicamente, passados para a cabeça do animal através das mãos de um sumo-sacerdote. Em seguida, o bode emissário ou bode expiatório era abandonado no deserto, levando consigo "todas as iniquidades deles para a terra solidária; e o homem soltará o bode no deserto" (Lv 16: 21-22).

Seguindo a trajetória dos mitos nas sociedades contemporâneas, percebemos que seus produtores apropriam-se de certos saberes (populares e/ou eruditos) que, adaptados aos seus interesses, oferecem múltiplas ressonâncias. Aquele que discrimina assume uma posição nuclear, mascarando seus interesses, manipulando informações e agindo com agressividade. O público-alvo geralmente desconhece as origens das acusações e suas mentes estão abertas para acreditar na mentira que é portadora de uma aparência ou de uma probabilidade de verdade.

Os mitos sobre os judeus emergem, simultaneamente, em várias partes do mundo, inclusive no Brasil, corroídos por preconceitos seculares que carregam nas suas entranhas o fel da intolerância. Para a escalada do ódio, basta um passo. Muitas dessas mentiras mantêm versões secularizadas, herdadas de superstições medievais, da doutrina católica, do ideário nazista, do antissionismo e do antiamericanismo. O antissionismo tem se fortalecido com os conflitos no Oriente Médio envolvendo o Estado de Israel e os palestinos, apresentando-se também como propício às falsificações e deturpações do Judaísmo e da História do Povo Judeu, favorecendo a proliferação do antissemitismo. Daí a importância da criação e definição das fronteiras de um Estado palestino em direção da implantação da paz no Oriente Médio.

Adjetivos qualificativos continuam a ser empregados de forma generalizada para compor a imagem e o caráter dos judeus acusados de ser violentos, traiçoeiros, terroristas, monstros nazistas [*sic*], ingratos, manipuladores da informação e interessados em ganhar dinheiro. A tradicional trama "ouro/judeu", aventada pelo antissemitismo tradicional de fundamentação católica, continua a emergir como símbolo da mediocridade, espaço fértil para a proliferação do racismo. Da mesma forma, os judeus continuam a ser acusados por grupos antissionistas e antissemitas de não terem direito a uma pátria, devendo viver como "eternos caminhantes". Se a Inquisição ibérica tratou os judeus e os cristãos-novos como "raças infectas", por terem sangue impuro, o Estado nazista os transformou em sub-homens (*Untermenschen*), sem direito à cidadania, caminhantes sem pátria. Hoje, estas imagens são reavivadas pela mídia (muitas vezes mal-informada ou orientada para assim tratar os fatos), pelos grupos de extrema-direita e extrema-esquerda. Enfim, constatamos que a mentira circula independentemente da ideologia: precisa apenas de terreno fértil.

Analisando alguns documentos produzidos por diplomatas brasileiros em missão no exterior entre 1933 e 1945, constatamos que muitos endossaram esta mentira, sem contestação. Dos seus escritos emerge a imagem do judeu *proscrito* e *prófugo* (desertor), expressões pejorativas empregadas como expressão de *judeu indesejável*. Nada mais do que códigos simbólicos de comunicação; nada mais do que palavras carregadas de subjetividade, nada mais do que uma mentira requentada em tempos sombrios. Mas em qualquer situação, no passado ou no presente, fica sempre subentendido que aquela figura marcada pelo estigma de ser judeu, praticante ou não, foi expulsa de uma pátria que "não era sua", devendo, assim, caminhar sempre em direção ao infinito. Em 1938, o diplomata Barros Pimentel, da Legação Brasileira em Berna, endossando o mito, definiu-os como "pertencentes todos à Humanidade" que, em síntese, diz respeito ao cidadão do mundo[1].

A MULTIPLICAÇÃO DA MENTIRA

Para compreendermos a multiplicação da mentira que atravessa séculos, devemos ter em mente que estamos lidando com a "construção de uma imagem maligna", diabólica. São representações do judeu ou do povo judeu que se valem de imagens metafóricas preexisten-

---

1. Maria Luiza Tucci Carneiro, *Cidadão do Mundo. O Brasil diante do Holocausto e dos Refugiados do Nazifascismo*, São Paulo, Perspectiva, 2011. Versão em alemão: *Weltbürger. Brasilien und die Flüchtlinge des Nationalsozialismus, 1933-1948*. Tradução Marlen Eckl, Viena, LIT Verlag, 2014.

tes no imaginário coletivo. De imagens mentais transformam-se em imagens visuais facilmente delineadas pela caricatura ou charge, pela fotografia e pelas artes plásticas, passíveis de manipulação. A partir destes exemplos conseguimos perceber como as mentes podem ser lapidadas por saberes orientados por centros produtores do ódio. Estes saberes – alimentados pela reprodução hoje facilitada pela mídia globalizada – servem para legitimar o poder de grupos interessados em "varrer Israel e os judeus do mapa".

São saberes ricos em estigmas (marcas físicas e de caráter) que, no formato de mentira travestida de verdade, reforça a imagem antiestética e antissocial do judeu. Até 1950, por exemplo, o judeu era caricaturizado como uma figura de nariz adunco, pés chatos, barbudo, sujo e ridicularizado por seu sotaque de estrangeiro "enquistado" no país que o recebeu. Com a presença, cada vez mais marcante, do judeu ortodoxo nos grandes centros urbanos e em bairros específicos de Israel, esta imagem vem sendo recuperada com o objetivo de identificá-lo como um "estranho". As imagens mentais preexistentes no imaginário coletivo são estimuladoras de atitudes intolerantes, violentas. Através da repetição, essas imagens reforçam as versões (narrativas), fortalecem os símbolos e as ressonâncias afetivas (de repulsa, ódio, agressão física), alimentando visões negativas sobre o Outro. Considerando que o imaginário popular é carente de explicações para os seus problemas imediatos (crise econômica, desemprego, sucesso profissional, violência urbana), a mentira cai como uma luva. Adere, gruda, cresce como um pão fermentado cheio de bolhas que se abrem. Por estas aberturas nascem os novos "aliens", "ets", anjos e vampiros, valendo-me aqui de algumas imagens exploradas pelo cinema e pela literatura de ficção. Somam-se ainda os fundamentalismos e as filosofias alternativas que se valem da mentira para impor suas versões sobre os fatos.

Enfim, o mito é uma construção: organiza-se através de uma sucessão de imagens que, de forma dinâmica, têm o objetivo de (re)ordenar o mundo ou alguma sociedade em especial. Se o imaginário coletivo da população for rico em imagens metafóricas, por exemplo, será muito mais fácil creditá-lo como verdade. Geralmente os indivíduos mal-informados, com algum desequilíbrio mental ou desencantados com a sua posição socioeconômica, tornam-se alvos fáceis dos mitos racistas. Passam, rapidamente, do estágio de *observação* para o estágio de *fanatismo*, seguido de *paranoia aguda*, crônica. Interessados em encontrar uma resposta para os seus problemas pessoais ou do seu grupo, deixam-se envolver pelo medo e por referências do passado. Tornam-se, facilmente, indivíduos receptivos às teorias conspiratórias e genocidas, perdendo-se nas incertezas e nos meandros de uma sociedade em crise.

Dependendo do lugar por onde a mentira circula, temos variações de intensidade e nuances, sendo que não há necessidade de que ali existam, por exemplo, judeus organizados em comunidade. Basta existir o mito. Aliás, esta é a força do mito: fazer ver os personagens e cenários que se quer ver, ainda que não existam. Daí as citações constantes de complôs, acordos secretos, túneis subterrâneos, fortunas milionárias e, até mesmo, de "indústrias do Holocausto", ainda que invisíveis a olho nu. Nestes séculos xx e xxi podemos dizer que os *Protocolos dos Sábios de Sião*, um dos maiores blefes da história, continuam a alimentar estes mitos em várias partes do mundo, inclusive no Brasil[2]. Assim, o mito cresce através das relações do indivíduo com os grupos sociais, com a mídia e a propaganda política. Aproveita-se de elementos culturais das realidades locais e, como uma trama invisível, compõem uma rede de significações através da qual "se pensa e se explica a ordem do mundo como um todo", valendo-me aqui do debate aberto por Eduardo Colombo, estudioso do imaginário social[3].

---

2. Para se ter uma ideia da multiplicação e dos estragos provocados pelas várias versões d'*Os Protocolos dos Sábios de Sião*, indico: Maria Luiza Tucci Carneiro (org.), *O Antissemitismo nas Américas. História e Memória*, prefácio de Pilar Rahola, São Paulo, Edusp, 2007.

3. Eduardo Colombo, *El Imaginario Social*, traducción de Bernard Weigel, Montevideo/ Buenos Aires, Altamira/Nordan-Comunidad, 1993, p. 47.

No caso dos judeus, existe um terreno fértil que alimenta a germinação dos mitos sobre esta comunidade/povo: o próprio judaísmo, como toda religião, é modelado por ritos que, projetados no imaginário coletivo, favorecem interpretações distorcidas. Um dos mais importantes rituais do judaísmo – a cerimônia da circuncisão (*Brit Milah*) – por exemplo, além de ser uma obrigação de todos os pais judeus, é também uma *mitzvá*, um ato de conexão com D'us[4], sendo geralmente realizado por um *mohel* ou um médico, profissionais capacitados para realizar o procedimento cirúrgico. Realizado no oitavo dia após o nascimento da criança, é explicado como o *Pacto da Aliança*, seguindo os ensinamentos da Torah, em Gênesis, sendo descrito como a promessa feita a D'us que garante a continuidade do povo judeu. Neste momento, o bebê recebe seu nome em hebraico. E como uma cerimônia de *Brit Milah* pode servir ao mito? Por implicar um "pacto" que envolve sangue, por exigir o "sofrimento" de um recém-nascido, por ser um ritual que enfatiza a continuidade do grupo que, segundo a lógica do mito, vai se fortalecendo para impor seu poder ao mundo.

---

4. *Mitzvá* significa mandamento e também conexão: estar conectado a D'us. Quando um judeu cumpre uma *mitzvá*, entende-se que ele está expressando esta conexão (positiva).

Inúmeras vezes, por exemplo, os inquisidores do Santo Ofício da Espanha e Portugal interpretaram a realização de um *Minian*[5] (grupo de dez judeus maiores de 13 anos) como um *complô secreto*, realizado às escondidas, com o objetivo de atentar contra o cristianismo. Situações como estas favoreciam as obsessões católicas pelas conspirações, crenças que, ao longo de séculos, irão alimentar a paixão histérica por explicações maniqueístas atribuindo aos judeus "conspiradores" a articulação de massacres, a transmissão de pestes e vírus e, até mesmo, a responsabilidade por terremotos e desgraças maiores. Atualizada nesta direção, esta lógica foi aplicada aos *Protocolos dos Sábios de Sião* e ao discurso hitlerista, como podemos constar na primeira página da publicação nazista, *Der Stuermer*, cuja manchete alerta para o "Assassinato Ritual / O Maior Segredo do Judaísmo Mundial". Ilustrando o texto está a reprodução de uma representação medieval de um assassinato ritual, acompanhada da seguinte legenda:

---

5. Certos rituais ou orações judaicas somente podem ser realizadas na presença de uma Congregação que, segundo a Torah, deve ter no mínimo dez pessoas adultas que formam o *Minian*. Deve haver um *minian*, por exemplo, para a realização da cerimônia do *Brit Milah*, para a reza do *Kadisch*, *Barechú*, *Kedushá*, leitura da Torah, dentre outros.

Em 1476 os judeus de Regensburg assassinaram seis meninos. Eles extraíram seu sangue e os mataram como mártires. Os juízes encontraram os corpos do falecido em um espaço subterrâneo, que pertencia ao judeu Josfal. Em um altar havia um prato de pedra salpicado de sangue[6].

Em algumas edições atualizadas d'*Os Protocolos*, publicadas no Brasil pela Editora Revisão, a presença dos judeus foi relacionada à proliferação da AIDS e das drogas. Exemplos como estes demonstram a capacidade que os mitos políticos têm de se atualizar e sobreviver valendo-se de vestígios do passado. Daí a persistência da "diabolização" dos judeus enquanto eternos "bodes expiatórios"[7].

Como disse o grande físico e humanista Albert Einstein (1879-1955):

Os demônios estão em toda parte; é provável que, de maneira geral, a crença na ação demoníaca se encontre na raiz de nosso conceito de causalidade.

---

6. *Der Stuermer: Deutsches Wochenblatt zum Kampfe und die Wahrheit* – Julius Streicher, Nuremberg, May 1939, p. 1. United States Holocaust Memorial Museum, cortesia de Virginius Dabney. ID: Collections: 1990.29.33

7. Léon Poliakov, *A Causalidade Diabólica* I. *Ensaios sobre a Origem das Perseguições*, tradução de Alice Kyoko Miyashiro, São Paulo, Perspectiva/Associação de Cultura Judaica, 1991.

É a pessoa humana, livre, criadora e sensível que modela o belo e exalta o sublime, ao passo que as massas continuam arrastadas por uma dança infernal de imbecilidade e de embrutecimento[8].

O perigo dos mitos contra as minorias étnicas (judeus, ciganos, negros, indígenas etc.) é que eles, pela dinâmica de imagens que se encadeiam, preparam as mentes para autorizar o genocídio ou qualquer outro tipo de violência física ou simbólica. Instigam os movimentos de "caça às bruxas", transformando os argumentos em forças mobilizadoras. Muitas vezes, um fragmento da realidade é o suficiente para detonar o ódio, incitar perseguições, prisões, torturas, deportações e massacres. A carga emocional torna-se tão forte que parte da população acredita na mentira, como aconteceu durante a *Era Inquisitorial Ibérica* (Espanha: 1478-1834; Portugal: 1536-1821) e a *Era Nazista* (1935--1945). Sabe-se que tanto a doutrina católica como as propagandas totalitárias e autoritárias contribuíram imensamente para a criação de vítimas "virtuais", acelerando o processo de "demonização" dos judeus tratados ora como monstros, ora como raças degene-

---

8. Frases de Albert Einstein disponíveis em www. http://kdfrases.com/frase/91297

1. *Der Stuermer: Deutsches Wochenblatt zum Kampfe und die Wahrheit* – Julius Streicher, Nuremberg, May 1939.

radas, inferiores ou infectas[9]. Expressiva é a caricatura antissemita publicada por Julius Streicher no seu jornal *Der Stuermer*, em outubro de 1937. A imagem retrata o judeu como o diabo que ameaça a Mãe Europa. A legenda diz: "Mãe Europa / Se eu tivesse que deixar um dos meus filhos para este demônio, seria a minha morte".

2. *Der Stuemer*, Nuremberg [Bavária, Alemanha], 15 de outubro de 1937.

---

9. Maria Luiza Tucci Carneiro, *Preconceito Racial em Portugal e Brasil Colônia – O Mito da Pureza de Sangue contra os Cristãos-Novos, Séculos XVI ao XIX*, 3. ed., São Paulo, Perspectiva, 2004.

Considero difícil estudar e compreender a história do antissemitismo sem avaliar o imaginário coletivo que se faz povoado por arquétipos que não devem ser negligenciados, ignorados. As imagens estereotipadas dos judeus que ali coexistem – Judeu Errante, judeu capitalista, judeu egoísta, judeu degenerado, judeu assassino etc. – se prestam para gerar forças capazes de alterar a ordem de uma sociedade, como aconteceu no Império Colonial Ibérico e na Alemanha nazista. Os relatos míticos favorecem a criação de heróis/salvadores da nação, a instituição de hierarquias e de modelos de relações sociais modeladas pelo maniqueísmo: acredita-se na existência de uma sociedade dividida entre forças opostas: *Bem* × *Mal*.

Desta forma, os mitos transformam-se em forças reguladoras de uma determinada sociedade, servindo para controlar as massas, situação comum aos regimes totalitários e autoritários. No caso da Alemanha nazista, os judeus foram apontados pelas lideranças nacional-socialistas como elementos de "desvios" na ordem instituída e, como tais, deveriam ser exterminados. Os mitos ofereciam uma explicação para os "males que acometiam a nação alemã", dirigindo as condutas da população predisposta a endossar a narrativa/mentira. Através de charges, do cinema, do rádio, da fotografia, dos livros infantis, dos desfiles e dos hinos nacionais, o mito ganhou espaço e conseguiu canalizar as energias para a formação de um consenso: a salvação da sociedade alemã dependia do seu líder (Adolf Hitler, o "salvador") e da divisão da população em puros e impuros, culminando com o endosso às práticas genocidas.

Segundo Pierre Ansart, o mito "participa da renovação de uma certa ordem, da instituição de uma certa hierarquia e, em consequência, da eliminação dos dominados [leia-se "dos párias"]: o mito potencializa a violência até então enrustida, sendo legitimado pelo Estado"[10].

A RENOVAÇÃO DOS MITOS PELAS NOVAS TECNOLOGIAS

Em pleno século XXI, devemos avaliar a persistência e a revitalização dos mitos políticos sob o prisma das novas tecnologias e do impacto das mesmas sobre a construção do conhecimento sobre os judeus. Fazendo uma retrospectiva histórica, percebemos que os mitos, por sua dinâmica e capacidade de renovação, passaram da tradição oral medieval aos modernos meios de comunicação de massa. Hoje, modernizados, circulam com maior rapidez pelos computadores, *softwares*, jogos interativos, *iphones* e internet. Incitam o ódio através de mentiras

---

10. Pierre Ansart, "Ideologias, Conflictos e Poder", em Eduardo Colombo, *op. cit.*, pp. 101-102.

globalizadas, sem fronteiras e sem identidade, veiculados pelos *blogs* neonazistas e antissemitas. Favorecidos pelo direito à liberdade de expressão e pela facilidade de anonimato oferecido pela internet, os blogueiros apelam para a liberdade de compor e ilustrar o seu repertório com imagens mentais e visuais inspiradas no passado próximo. Seduzidos pelos mitos, oferecem aos seus leitores o "reino da felicidade".

Através das notícias sobre o Oriente Médio que têm Israel como foco das críticas políticas, as narrativas mitológicas estão sendo atualizadas, contribuindo para insuflar situações de insegurança à paz mundial e ampliar o ódio aos judeus e ao Estado de Israel. Sensacionalista, a mídia – valendo-se amplamente da força da fotografia como documento-verdade – intensifica, como muito bem colocou Gilles Lipovetsky, as possibilidades "de um mundo repleto de catástrofes e de perigos"[11]. Apelando para a emoção, a fotografia favorece a construção de uma segunda realidade[12] e fortalece o mito. A crise de paradigmas que abala o século XXI abre espaço para a circulação e a revitalização dos mitos. Não podemos nos esquecer que a mente,

---

11. Gilles Lipovetsky, *Metamorfoses da Cultura Liberal: Ética, Mídia e Empresa*, Porto Alegre, Sulina, 2004, pp. 76-77.
12. Ver Boris Kossoy, *Realidades e Ficções na Trama Fotográfica*, 2. ed., São Paulo, Ateliê Editorial, 2001.

valendo-se da mentira e da distorção dos fatos, ainda é prisioneira da lógica totalitária.

Do ponto de vista do mental coletivo, podemos considerar que o *mito do complô judaico internacional* persiste nos dias de hoje enquanto um dos paradigmas do antissemitismo moderno. Ao mesmo tempo, o ódio milenar aos judeus sobrevive, patrocinado pelos segmentos da mídia que alimentam opiniões distorcidas sobre a crise no Oriente Médio. Por exemplo: na esteira do atentado terrorista ao World Trade Center (New York) e ao Pentágono, sede do Departamento de Defesa dos Estados Unidos (Washington, DC) em 11 de setembro de 2001, intelectuais, jornalistas e universitários (incluindo brasileiros) celebraram o terror com boas doses de antissemitismo. E, em outras situações, ao tentarem revelar a vulnerabilidade do imperialismo americano e acusarem Israel de "terrorismo" e "genocídio nazista" contra os palestinos, esses cidadãos quebraram novamente o ovo da serpente. Infelizmente não conseguimos adentrar ao século XXI ilesos deste veneno que continua a encantar os inimigos da democracia.

Dez Mitos
sobre os judeus

MITO I

Os Judeus Mataram Cristo

O mito diz que "os judeus mataram Jesus Cristo", sendo esta uma das tradicionais acusações que integram o breviário do antissemitismo cristão e popular. Esta expressão jamais deixou de se manifestar nos países católicos por tradição. A verdade é que tal acusação serviu, inicialmente, aos propósitos dos pioneiros do Cristianismo, interessados em forjar a imagem maligna dos judeus, alimentando o medo capaz de deformar a realidade.

Ao transformar os judeus em assassinos de Cristo, os eruditos cristãos tentavam abafar as dúvidas lançadas pelos judeus quanto à natureza terrena de Jesus, ao caráter ilusório de sua ressurreição e de que ele não era o tão esperado Messias.

Ao longo dos séculos, o mito de que "os judeus mataram Cristo" foi sendo reafirmado e renovado por outros mitos que, a partir do século XII, contribuíram para fortalecer a ideia do "perigo judaico" e gerar crenças populares preconceituosas. Tais hostilidades tiveram o seu apogeu no período posterior às Cruzadas e a partir da instalação da Inquisição ibérica, momento em que a Igreja Católica fortaleceu seu discurso de "unidade da Cristandade" na luta contra os hereges. Durante a Idade Média, por exemplo, a população deu crédito à lenda do assassinato ritual de uma criança celebrado anualmente durante a Páscoa, à profanação das hóstias e, no início do século xv, à acusação de que os judeus envenenavam os poços. A atribuição destes crimes aos judeus tem em comum a ideia de que eles conspiravam contra a cristandade e, como tal, deveriam ser eliminados.

Na sua essência, o mito de que "os judeus mataram Cristo" tem suas raízes nas interpretações dos Evangelhos pelos eruditos cristãos, que irão instigar o ódio e a violência através das suas pregações. Ao longo de séculos, esta mentira circulou através dos catecismos católicos, dos sermões, dos manuais inquisitoriais, de uma rica iconografia, dos verbetes enciclopédicos, dos textos de dramaturgia, crônicas jornalísticas, literatura de cordel, charges políticas e pelos conhecimentos "úteis" divulgados pelas revistas ilustradas e almanaques. Inúmeros manuais (laicos, pastorais e clérigos), periódicos católicos e protestantes colaboraram para afirmar o conceito de *crime deicida* (matador de D'us e, em particular, de Jesus Cristo), apresentado aqui como um mito de longa duração. Tem suas raízes nas polêmicas judaico-cristãs que, do século I ao IV, favoreceram o distanciamento entre o Cristianismo e o Judaísmo, sendo constantemente revitalizado por novas imagens mentais e visuais.

Este tema já foi profundamente analisado por vários estudiosos, cujas obras são referências para compreendermos o processo de construção do *mito do ju-*

deu deicida, a persistência e a interferência deste mito na mentalidade e nos comportamentos sociais desde o Medievo aos dias atuais. Dentre os historiadores cumpre consultar Jules Isaac, Léon Poliakov, Cecil Roth, Robert M. Seltzer, Edward Flannery, Joshua Trachtenberg e Sérgio Alberto Feldman[1]. No seu conjunto, estes estudos colocam em evidência dois fatores que contribuíram para a persistência do *crime de deicismo*: o crescente processo de *desjudaização* do Cristianismo e a construção de uma narrativa acusatória por parte dos cristãos interessados em apontar um culpado pela crucificação de Jesus Cristo.

Para compreendermos este processo, que culminou com a demonização dos judeus enquanto símbolo do Mal, convém recuarmos no tempo em busca da gênese deste mito. As primeiras ideias antijudaicas

---

1. Sobre este tema ver: Jules Isaac, *Las Raíces Cristianas del Antisemitismo*, Buenos Aires, Paidos, 1966; Cecil Roth, *Pequena História do Povo Judeu*, São Paulo, Fundação Fritz Pinkuss CIP, 1963, vol. 2; Léon Poliakov, *De Cristo aos Judeus da Corte*, tradução Jair Korn e Jacó Guinsburg, São Paulo, Perspectiva, 1979; Robert M. Seltzer, *Povo Judeu, Pensamento Judaico,* Rio de Janeiro, A. Koogan, 1990, 2 volumes; Joshua Trachtenberg, *El Diablo y los Judios. La Concepción Medieval del Judio y su Relación con el Antisemitismo Moderno*, Buenos Aires, Paidos, 1975; Sérgio Alberto Feldman, "Deicida e Aliado: O Judeu na Patristica", em *Academia.edu*. http://www.academia.edu/1375074/Deicida_e_aliado_do_demonio_o_judeu_na_Patristica; Edward Flannery, *A Angústia dos Judeus: História do Antissemitismo*, tradução Olga Biar Laino, São Paulo, Ibrasa, 1968.

podem ser identificadas no Império Romano, época em que se acreditava que a terra era um disco plano e seus confins não estavam muito distantes. As acusações violentas contra os judeus começaram dentro das sinagogas e continuaram nas pregações dos apóstolos que, assim como Jesus, eram "judeus dissidentes". A literatura cristã dos séculos II e III já critica os judeus por não terem aceito a fé de Cristo e por não abrirem mão de seus "velhos" rituais. Dentre os apóstolos citamos Paulo de Tarso que, para conquistar novos adeptos, incentivava o rompimento com os mandamentos da Lei Judaica, abrindo mão da circuncisão e das restrições de dieta.

Até as décadas de 30 e 40 E.C., os seguidores de Jesus em Jerusalém ainda pregavam no Templo, observavam as leis judaicas e se consideravam membros do povo judeu, mantendo assim uma convivência "razoável entre cristãos e judeus"[2]. Mesmo porque os cristãos precisavam ser reconhecidos, pelo Império Romano, como membros de uma religião legítima, consolidada e enraizada – *religio licita* – posição usufruída pelos judeus cuja longevidade era milenar. Aliás, este era um dos desafios enfrentados pelos cristãos: de terem a sua religião reconhecida pelos romanos como lícita. No entanto, para alcançar este estatuto, precisavam

---

2. Léon Poliakov, *op. cit.*, p. 17; Robert M. Seltzer, *op. cit.*, vol.1, p. 212.

anular as concepções judaicas, dentre as quais aquela que negava Cristo enquanto Messias. Persistindo nesta ideia, os judeus criavam obstáculos para a legitimação dos cristãos que defendiam (e ainda defendem) a crença de que Jesus foi crucificado, ressuscitou e, quarenta dias depois, foi elevado ao Céu diante dos seus doze apóstolos, tendo retornado como o Redentor, conforme descrições no Novo Testamento (Lucas 24:50-53; Marcos 16:19; Atos 1: 9-11).

Em síntese: da situação de cordialidade, os cristãos passaram à agressividade, situação que tornou-se cada vez mais evidente a partir do ano de 66 E.C., quando os judeus da terra de Israel se revoltaram contra Roma, não sendo apoiados pelo grupo dos judeus-cristãos (batizados), acusados de traidores. Nos anos de 132-135, após a segunda revolta dos judeus contra Roma liderada por Shimon Bar-Kochba, a separação entre judeus e católicos ficou ainda mais contundente, configurando o real impacto do Cristianismo sobre o Judaísmo. Como repressão – expressando aqui uma das primeiras manifestações antissemitas de Estado – Adriano promulgou, em 135, dois éditos antijudaicos, revogados pelo seu sucessor Antonino em 138.

As Sagradas Escrituras passaram a ser interpretadas de forma diferenciada por ambos os lados e, durante o Medievo, receberam acréscimos e alegorias por parte dos cristãos que procuravam se autodefinir como aqueles que

[...] respeitavam a Deus e não cometiam delitos. Não aceitaram o Bezerro de Ouro; não faziam idolatria na época dos Profetas e eram fiéis servos de Deus. Esse protocristianismo estava nas entrelinhas do Povo Eleito, era sua parte justa e fiel. Eram os hebreus. A esse grupo pertenciam os Patriarcas, Moisés, Josué, David e os profetas. Já os adoradores do Bezerro de Ouro, dos ídolos de Baal e Astarte, os perseguidores dos Profetas, seriam os judeus. Conviviam junto com seus irmãos justos e fiéis, mas se chocavam com estes através da história. Deus, inúmeras vezes, os advertiu e acabou punindo-os com o Exílio. Na sequência, serão os que não aceitarão Cristo e permanecerão judeus. Já os hebreus aceitam Cristo e recebem os gentios em seu seio tornando-se o verdadeiro Israel. Assim, de um lado estão os judeus, vertente maligna e infiel; e do outro, os hebreus, a vertente justa e fiel a Deus que permanece cristã[3].

A partir desta narrativa, repetida em vários outros textos cristãos[4], os judeus foram sendo transformados de "Povo do livro" e "Povo eleito por D'us" em "Povo assassino" e "Povo eleito por Satanás". Sérgio Feldman, em seu magnífico artigo sobre este tema, analisa os textos dos fundadores do Catolicismo, demonstrando como se deu o processo de demonização dos judeus. Dentre os autores que argumentam sobre

---

3. Sérgio Feldman, *op. cit.*, p. 7.
4. *Idem*.

a malignidade dos judeus, o autor cita: Eusébio, bispo de Cesareia, Hilário de Poitiers, João Crisóstomo, bispo de Antioquia, Jerônimo, Agostinho de Hipona, Isidoro de Sevilha que viveu na Hispânia visigótica no final do século vi e início do século vii. Durante a Alta Idade Média, graças às pregações mais tolerantes de Agostinho, os judeus da Europa Ocidental conseguiram viver com certa tranquilidade e proteção, sendo valorizados por suas atividades administrativas, comerciais e financeiras. A partir do século xii, este panorama foi sendo alterado por virulentos discursos antijudaicos elaborados por Padres da Igreja, dentre os quais cumpre citar João Crisóstomo (344-407), bispo de Antioquia, e Isidoro (340-420). Fundamentando-se nas Escrituras, Crisóstomo afirmava que:

> [...] a Sinagoga seria um teatro e uma "casa de meretrício", uma caverna de salteadores e um antro de animais ferozes (Sermão 6:5). Um lugar de vergonha e de ridículo (1:13), o domicílio do Diabo (1:6), tal como a alma judaica é possuída pelo Diabo (1:4 e 1:6). Os judeus adoram o demônio; seus ritos são criminosos e impuros (3:1). Essas denúncias são entremeadas de citações do texto bíblico, das quais se faz uma releitura. Os judeus são descritos como seres corruptos e criminosos. *São os assassinos de Cristo* (6:1)[5].

---

5. *Apud* Sergio Feldman, *op. cit.*, pp. 9-11 [grifo nosso].

Jerônimo, por sua vez, apesar de ter convivido de perto com rabinos e sábios judeus na Palestina, não alterou o tom virulento deste discurso. Na sua opinião, os judeus eram "serpentes, odiadores de todos os homens"; a imagem deles é de Judas e os salmos e preces são "zurros de asnos"; assegura que eles amaldiçoam os cristãos nas sinagogas[6].

A acusação de que os judeus mataram Cristo ficou cada vez mais arraigada na Cristandade, tendo, assim, suas origens nas polêmicas judaico-cristãs que favoreceram, entre os séculos I e IV, a propagação de tais calúnias. Este processo de difamação culminou com a demonização dos judeus, que foram sendo animalizados, de forma a fortalecer o Cristianismo (apresentado como símbolo do Bem) em oposição ao Judaísmo (símbolo do Mal). Neste contexto explica-se a violência empreendida contra os judeus durante a peste bubônica ou Peste Negra como ficou conhecida, que acometeu vários países europeus, dentre os quais a França onde ocorreram *pogroms* em 1348. Nesta ocasião, o Papa Clemente VI promulgou duas bulas papais, enfatizando que os judeus não eram os culpados da praga, mas sem su-

---

6. François de Fontette, *História do Antissemitismo*, Rio de Janeiro, Jorge Zahar, 1989, p. 32; Edward Flannery, *op. cit.*, p. 66, *apud* Sérgio Feldman, *op. cit.*

cesso. Sob a liderança do Conde de Savoia, dezenas de judeus foram presos e torturados em regiões ao redor do lago de Genebra, acusados de envenenar a Cristandade.

Em outras regiões, como na Basileia, membros da comunidade judaica foram acusados de envenenar os poços, sendo as crianças judias retiradas de seus pais e, por força, convertidas ao cristianismo. Calcula-se que cerca de seiscentos judeus foram algemados, engaiolados e, em seguida, queimados pela população irada. Situação semelhante vivenciaram cerca de dois mil judeus de Estrasburgo, que foram queimados vivos, apesar da tentativa de proteção por parte do bispo e do conselho da cidade. *Pogroms* ocorreram em várias cidades e vilas ao longo do Reno, assim como em Erfurt, na Alemanha, onde três mil judeus foram assassinados sob a acusação de propagarem a Peste Negra. Em Worms, quatrocentos judeus foram queimados em março de 1349, e em Frankfurt parte da comunidade judaica optou pelo suicídio em massa à conversão forçada. Em síntese: no auge da pandemia entre 1348 e 1351, a figura do judeu serviu de bode expiatório considerando-se que grande parte da comunidade judaica havia sido poupada da doença, comparados com os demais grupos. Segundo Martin Blaser, da Universidade de Nova York, a maioria judaica não foi contaminada pela doença por manterem suas casas higienizadas de impurezas, assim como suas mãos durante as refeições, seguindo os preceitos do judaísmo[7].

3. *A Queima de Judeus na Baviera*. Ilustração de Michael Wolgemut e Wilhelm Pleydenwurff, reproduzida de Hartmann Shedel. *Liber Chronicarum*, 1493.

---

7. *Apud* Donald G. MacNeil Jr., "As Epidemias e os Bodes Expiatórios", em Caderno "The New York Times", *Folha de S. Paulo*, 14 de setembro de 2009.

A partir do século XIV, os judeus radicados na Península Ibérica foram, também, encarados como uma minoria perigosa dentro da Cristandade, apesar de até então terem compartilhado dos mesmos espaços. Esta foi a solução encontrada pelo Estado absolutista e pela Igreja Católica ibérica para resolverem os conflitos entre cristãos e os judeus comerciantes, depois forçados à conversão ao catolicismo em 1391, na Espanha, e em 1492 em Portugal, sob pena de morte. Acusando os cristãos-novos de "membros de uma raça infecta" e de hereges, o Estado e a Igreja contribuíam para barrar a ascensão da classe média burguesa judaica, então concorrentes dos cristãos-velhos, além de apossar-se de seus bens.

Com a instalação do Tribunal do Santo Ofício na Espanha (1478) e em Portugal (1536), fomentou-se ainda mais o antissemitismo de fundamentação teológica que contribuiu para um longo processo de exclusão social e física dos cristãos-novos. As origens deste preconceito tem suas raízes na promulgação da *Sentencia-Estatuto* de Toledo, de 1449, que dividiu a sociedade ibérica em cristãos-velhos, puros de sangue, e cristãos-novos, membros de uma raça infectada pelo sangue judeu, mouro, cigano e negro. Um novo universo se abriu para os judeus conversos da Espanha e Portugal que, proibidos de professarem o Judaísmo, foram obrigados a praticá-lo às escondidas, gerando o fenômeno do marranismo[8]. Estas representações estereotipadas dos judeus irão atravessar séculos e somar forças à figura do judeu conspirador propagada pelos *Protocolos dos Sábios de Sião*, no século xix e xx[9].

Representações artísticas continuaram a instigar o ódio aos judeus, como, por exemplo, os tradicionais quadros da *Santa Ceia*, o *Beijo de Judas*, e o drama da *Paixão* (apresentado nos quadros da Via-Sacra e em representações populares ao ar livre). A imagem de Judas foi, ao longo dos séculos, transformada na figura legendária do "traidor", do vilão ou daquela pessoa de conduta infiel. Apesar de Jesus e todos os seus discípulos serem judeus, nos estudos preparatórios que Leonardo da Vinci produziu para a *Santa Ceia,* Judas é o único que aparece distinto por seus traços exagerados, identificado por suas vestes amarelas obrigatórias para os judeus em alguns países da Europa. Segundo os Evangelhos, logo após a última ceia, Jesus foi orar com os apóstolos no jardim de Getsêmani, onde Judas identificou-o para os guardas através de um beijo e chamando-o de mestre, em troca de trinta moedas de ouro. De acordo com Mateus (27:3-10), Judas arrependeu-se, devolveu o dinheiro e em seguida enforcou-se.

---

8. Maria Luiza Tucci Carneiro, *Preconceito Racial em Portugal e Brasil Colônia*, 3. ed., São Paulo, Perspectiva, 2004.

9. Pierre-André Taguieff, *Les Protocoles des Sages de Sion. I. Introduction à l'Étude des Protocoles: un faux et ses usages dans le siècle*, Paris, Berg International, 1992.

4. Leonardo da Vinci. *A Última Ceia*, Milão, Itália, 1498.

Esta cena transformou-se em um dos ícones da pintura sacra, contribuindo para firmar a imagem do judeu traidor. Cito aqui uma pintura anônima do século XII que leva o título de *O Beijo de Judas*, cujo tema repete-se no afresco pintado por Giotto entre 1304 e 1306, na Capela de Scrovegni, em Pádua (Itália). Também no afresco *Última Ceia*, produzido entre 1495 e 1498 por Leonardo da Vinci, no Convento de Santa Maria delle Grazie, em Milão. Baseado no Novo Testamento (João 13:21), no qual Jesus anuncia aos doze apóstolos que entre eles um o trairia, Da Vinci destaca a figura de Judas na mesa de comemoração do Pessah. Temos ainda *A Captura de Cristo*, de Caravaggio ou um dos seus discípulos, em 1602; *O Beijo de Judas*, de Fra Angélico, datado de 1450, em Florença; um mosaico de Santo Apolinário Novo, do século VI, em Ravena; o famoso *Le Baiser de Judas*, de Jean Bourdichon, datado de *c.* 1505, que integra *Les Grandes Heures d'Anne de Bretagne*; e o *Beijo de Judas*, de Simão Rodrigues, sob a guarda do Museu de Leiria (Portugal).

5. Giotto. *O Beijo de Judas,* Pádova, Itália, 1304-1306.

6. Jean Bourdichon, *Le Baiser de Judas*, França, c. 1505.

7. Simão Rodrigues, *O Beijo de Judas*, Portugal, 1605-1607.

No Evangelho, segundo João (12:6 e 13:29) – o quarto e último da Bíblia a ser escrito entre os anos de 95 e 100 – Judas carregava um "saco de dinheiro" por ser o tesoureiro do grupo dos discípulos, além de furtar moedas do fundo comum. Tanto o saco de dinheiro como as moedas são, ainda hoje, elementos que se repetem nas caricaturas antissemitas[10]. Nem mesmo Dante Alighieri (1265-1321), na *Divina Comédia*, esqueceu-se dos judeus e de Judas que, na maior pro-

---

10. Vamberto Morais, *Pequena História do Antissemitismo*, São Paulo, Difel, 1972, pp. 132-133.

fundidade do inferno, foi colocado ao lado de Cassius e Brutus, assassinos de Júlio Cesar. Ali, os três maiores traidores da História são continuadamente devorados por Lúcifer. Mas vale reproduzir aqui um trecho da *Divina Comédia*, onde Dante quis dizer que "a morte de Jesus Cristo deu satisfação aos judeus pela raiva deles contra Jesus", segundo nota explicativa do tradutor:

> Da Cruz a pena, em face da maldade
> Da natureza, a que Jesus baixara,
> Foi a mais justa em sua gravidade,
>
> Nunca injustiça igual se praticara,
> Atenta essa Pessoa, que há sofrido,
> Que a natureza humana se juntara.
>
> Contrastes, pois, *de um ato hão procedido:*
> *Folgam os Judeus da morte a Deus jucunda,*
> Foi ledo o céu e o mundo espavorido[11].

A imagem do judeu traidor foi, intensamente, divulgada na Alemanha nazista pelo jornal *Der Stuermer*, que, em agosto de 1936, publicou uma caricatura retratando o judeu como um traidor. A manchete

---

11. Dante Alighieri, *A Divina Comédia*, tradução José Pedro Xavier Pinheiro, São Paulo, EBook Brasil, 2003, p. 48 [Cf. nota do tradutor. Grifo nosso].

anunciava: "Traição / O Julgamento de Schmulewitz em Magdeburgo / Edição especial do Stuermer"; enquanto que a legenda explicava: "O livro de Judas / O próprio Diabo escreveu o Talmud com o sangue e as lágrimas de não-judeus".

8. Fips, pseudônimo de Philipp Rupprecht. Caricatura antissemita publicada pelo jornal *Der Stürmer* com a imagem do "judeu traidor". Nuremberg, [Bavária] Alemanha, 14 de agosto de 1936.

O fantoche de Judas no Brasil

A intensidade deste mito, uma das principais fontes do antissemitismo medieval e moderno, deixou marcas profundas no imaginário cristão. Ainda hoje, as crianças educadas no catolicismo têm a sua infância marcada pela figura de Judas, o homem que "vendeu" e traiu Jesus Cristo. Tanto assim que persiste uma aceitação coletiva em vários países da Europa e Ibero América sobre o significado simbólico da queima de Judas Iscariote, por sua traição a Cristo. Geralmente a matança do Judas acontece no Sábado de Aleluia, ou seja, durante a Semana Santa, com variações locais. Tem sido comum, nestas últimas décadas, usar a figura de Judas para a crítica política, valendo-se de cartazes pendurados em seu pescoço e, até mesmo, substituindo seu rosto pelo semblante de um político corrupto. Transmitido de geração a geração, este rito não deve ser interpretado como um fenômeno folclórico, mas como um exemplo de transfiguração cultural e expressão do antissemitismo tradicional. Estamos diante da sobrevivência de uma festa pagã (*Compitales Romanas*) que a Igreja Católica denominou de "Fogo de Judas", adaptando-a, posteriormente, aos seus propósitos de realizar a queima simbólica de um fantoche representando Judas, o judeu que traiu Cristo.

Para Ático Vilas-Boas da Mota, estudioso deste rito no folclore brasileiro, a queimação de Judas é a "sobrevivência da condenação em efígie", fórmula sustentada pela Inquisição ibérica para condenar aqueles que conseguiam escapar ou que morreram antes de receber a sentença. Ainda que seja um "resíduo folclórico transfigurado", a malhação do Judas traduz as perseguições às práticas de expurgo desencadeadas ao longo da Idade Média. Enfim, o rito da expurgação tem como propósito eliminar tudo aquilo que simbolize o mal e, como tal, venha a desequilibrar a ordem estabelecida[12].

No final do século XIX, por exemplo, este ritual era observado na Córsega, em Lixing (Lorena alemã), em Nelling e Mittelbronn. Costumes semelhantes são encontrados em outras partes da Europa: Tirol, Alta Bavária, Francônia, Colônia, Sarre, Inglaterra, Suíça, Portugal etc.; e da América Latina, como Chile, Uruguai e Brasil. No Alto Reno, "queimar o Judas" simbolizava "queimar o judeu, judeu vermelho ou judeu eterno". Em Portugal, possivelmente inspirado nas práticas inquisitoriais, durante a queima do Judas, estralejavam bombinhas espalhadas pelo corpo do fantoche[13].

---

12. Ático Vilas-Boas da Mota, *Queimação de Judas: Catarismo, Inquisição e Judeus no Folclore Brasileiro*, Rio de Janeiro, MEC; SEAC; Funarte; Instituto Nacional do Folclore, 1981.

13. Rossini Tavares de Lima, *Folclore das Festas Cíclicas*, Rio de Janeiro, Irmãos Vitale Editores, 1971, pp. 37-59. Descrições deste ritual podem

De efeito teatral extraordinário – uma espécie de circo romano com troca, obviamente, de protagonistas – essa pantomima extrapola o espetáculo da comemoração, assumindo características típicas do antissemitismo popular: da paranoia à histeria coletiva. Como participantes deste ritual, adultos e crianças costumam justificar sua agressividade ao fantoche do "traidor Judas Iscariotes" porque ele "é mau" ("Coisa ruim"), "matou o papai do Céu", "por ser uma vingança dos católicos contra os judeus", "porque vendeu Jesus e o condenou ao Calvário".

Na Espanha, por exemplo, a Festa de Judas ainda segue a tradição católica, sendo realizada em vários *pueblos*, dentre os quais: En Robledo de Chavela (Madrid), Pedro Abad (Córdoba), Vento del Moro (Valencia), Villadiego (Burgos), Chozas de Canales (Toledo), Talayuelas (Cuenca), Samaniego (Álava), Cabezuela del Valle (Cáceres), dentre outros. Há registros deste mesmo fenômeno no Peru, Chile e Venezuela. No Brasil, e especialmente no Estado de São Paulo são conhecidos os "Autos da Malhação de Judas" realizados em Itu, Cotia, Capivari e Pira-

---

ser lidas em Jean Baptiste Debret, *Viagem Pitoresca e Histórica ao Brasil*, São Paulo, Livraria Martins Fontes, 1940; Euclides da Cunha, *À Margem da História*, 5. ed., Porto, Lello & Irmãos, 1941 (1. ed. 1909); Gustavo Barroso, *Coração de Menino*, Rio de Janeiro, Getulio M. Costa Editor, 1939; Oswaldo Rocha Lima, *Pedaços do Sertão*, Rio de Janeiro, A. Coelho Branco Filho Editor, 1940.

pora do Bom Jesus. Em abril de 1849, o jornal *O Campineiro* registrou o apedrejamento de um Judas de palha e alguns versos ditos pelos participantes:

1. Judeu, judeu/ O português/ Que apanhou do espanhol!
2. Judas foi para Roma/ Vender Jesus/ Depois foi enforcado/ Coitado![14]

A imagem de Judas traiçoeiro reaparece no jornal pernambucano *América Illustrada* em 13 de junho de 1879, em uma charge do caricaturista V. T., na qual Adolpho de Barros Cavalcanti Lacerda, presidente da Província de Pernambuco, é criticado como um homem de duas facetas: ora um traidor, ora um anjo. Enquanto traidor, Adolpho Lacerda é representado por Judas que, sem qualquer traço que o identifique como judeu, carrega o tradicional saco de dinheiro em uma das mãos e beija uma mulher que, simbolicamente, representa o Partido Liberal. O fechamento da Assembleia Provincial, durante a gestão de Lacerda, foi aqui criticada como uma traição ao Partido Liberal, até então liderado por ele[15].

---

14. "Ao Público", em *O Campineiro*, 10 de abril de 1849, São Paulo, Typografia Liberal, 1849, pp. 13-14. Biblioteca J. Mindlin/USP-SP.
15. Importante pesquisa iconográfica realizada pelas irmãs Ataíde, Maria das Graças Ataíde e Rosário Ataíde, publicada em *História (nem sempre) Bem-humorada de Pernambuco*, vol. 1, Recife, Ed. Bagaço, 1999, p. 133.

9. V. T. "Judas", *Presidente da Província de Pernambuco*, Recife, 13 de julho de 1879.

Um novo vestido para um ódio antigo

"Um Novo Vestido para um Ódio Antigo" é o título usado por Pilar Rahola em um dos seus artigos onde discute a força dos mitos e o recrudescimento do antissemitismo nos dias atuais. Sigo aqui, neste breviário, o seu raciocínio e argumentação[16]. Os judeus continuam

---

16. Pilar Rahola, "Um Vestido Novo para um Ódio Antigo", "http://www.pt.chabad.org/library/article_cdo/aid/1653761/jewish/Um-Vestido-Novo-Para-Um-Odio-Antigo.htm

sendo responsabilizados pela morte de Jesus Cristo e representados como se fossem répteis ou Satanás. Este tema nunca saiu de pauta, mesmo após a *Nostra Aetate*, declarada pelo Concílio Ecumênico do Vaticano II. Ao contrário, continua sendo atualizado e revitalizado pelas correntes católicas conservadoras e pelos movimentos anti-Israel. Basta consultar alguns jornais árabes, por exemplo, para verificar que os mitos antissemitas ocidentais estão nas linhas e entrelinhas. São comuns, nestes periódicos – dentre os quais cito *Al-Istiqlal* – as versões de que os judeus mataram Cristo (ou, então, que assassinam palestinos), além de referências reproduzidas dos *Protocolos dos Sábios de Sião*, traduzidos para a língua árabe desde 1927. O mesmo tom é sustentado por jornais representativos do mundo muçulmano francês que, através da caricatura, atualizam os mitos antissemitas, dentre os quais o do "deicismo" acionado para explicar o conflito Israel/Palestina. Durante uma semana do mês de setembro de 2012, por exemplo, cerca de dez caricaturas antissemitas foram publicadas em jornais expressivos da mídia muçulmana na França, dentre os quais *Al- Bayan*, *Ad-Dustour*, *Al-Raya* e *Al Watan*. Retomando as matrizes das caricaturas nazistas, os *cartoonistas* diabolizam e animalizam os judeus[17].

---

17. *Cartoons* reproduzidos na matéria "Cette semaine, au moins 10 caricatures offensantes pour les juifs dans les médias musulmans",

Avaliando estes libelos, Menahem Milson, professor de língua e literatura árabe na Universidade Hebraica de Jerusalém, comentou:

> Os libelos de sangue ainda são comuns no mundo árabe e muçulmano. Eles afloram até mesmo nos mais importantes jornais governamentais. Alguns autores reciclam e relançam essas acusações já conhecidas, acrescentando-lhes novas deturpações. Por exemplo, a de que os judeus utilizam sangue humano não somente para a elaboração do *matza* (pão ázimo), mas também no recheio do *humantaschen,* a massa folhada da festa do Purim, conforme afirmou um jornal saudita[18].

O mito de que o povo judeu é deicida foi também reavivado pelo cinema: cito aqui o controverso filme *A Paixão de Cristo*, dirigido por Mel Gibson e lançado durante a Semana Santa de 2004. O fato do filme ter sido elogiado por autoridades do Vaticano, serviu para convencer um público maior da seriedade da abordagem dada por seu diretor. Contradizendo o mito, o reverendo batista Billy, considerou o enredo como "fiel aos ensinamentos bíblicos de que somos todos res-

---

em *jss News*, 24 septembre 2012. Disponível em: http://jssnews.com/2012/09/24/caricarabes/

18. Arno Froese, "A Mais Perigosa Forma de Ódio aos Judeus – Os Árabes Adotam Mitos Antissemitas Europeus", na revista *Notícias de Israel*, agosto de 2013.

ponsáveis pela morte de Jesus, porque todos pecamos. Foram os nossos pecados que causaram a sua morte e não qualquer grupo em particular"[19]. No entanto, suas considerações não tiveram eco. Sucesso de bilheteria nos Estados Unidos e no Brasil, o filme reavivou este mito judeofóbico ao trazer para o debate a tradicional pergunta *"Quem matou Cristo?"* Novas máscaras para um mito secular ou, como muito bem definiu Pilar Rahola, "um novo vestido para um ódio antigo":

Da mesma forma que é impossível explicar a maldade histórica do antissemitismo completamente, também não é possível explicar a imbecilidade atual do preconceito anti-Israel. Ambos bebem das fontes da intolerância, da mentira e do preconceito. Se, além disso, nós aceitamos que ser anti-Israel é a nova forma de ser antisssemita, concluímos que mudaram as circunstâncias, mas se mantiveram intactos os mitos mais profundos, tanto do antissemitismo cristão medieval, como do antissemitismo político moderno. E esses mitos desembocaram no relato sobre Israel. Por exemplo, a acusação de que o judeu medieval matava crianças cristãs para beber o seu sangue se conecta diretamente com o judeu israelense que mata as crianças palestinas para ficar com suas terras. Sempre são crianças inocentes e judeus de intenções obscuras[20].

19. Billy Graham [Reverendo], "Mel Gibson grants Billy Graham advance look at 'Passion', em *Florida Baptist Witness*. http://www.floridabaptistwitness.com/1987.article.print.
20. http://www.chabad.org.br/biblioteca/artigos/vestido/home.html

Consideramos que o conceito de deicismo persiste ainda nos dias de hoje tendo duas ocorrências históricas como divisor de águas: a morte de Jesus Cristo e a declaração *Nostra Aetate* (*Em Nossa Época*), divulgada durante o Concílio Vaticano II. Apesar da definição de deicismo ter sido excluída pela Igreja Católica, não podemos desconsiderar que, há séculos, a doutrina católica divulgou, através do Novo Testamento, que as *autoridades judias* acusaram Jesus de blasfêmia e promoveram a sua execução, valendo-se da autoridade de Pôncio Pilatos, governador da Província de Judeia. Ainda que a veracidade destes fatos históricos seja contestada por historiadores e teólogos, tais acusações têm trazido graves consequências para o povo judeu. Exatamente por ser este um dilema histórico é que não devemos permitir que a dúvida prolifere instigando atos de intolerância.

Consciente da periculosidade do discurso antissemita, a Igreja Católica tem revisto suas posições desde o Concílio Vaticano II quando, em outubro de 1965, foi divulgada a declaração *Nostra Aetate* (*Em Nossa Época*) que suprimiu a acusação católica contra o povo judeu. Ao reconhecer implicitamente suas culpas passadas, o Vaticano nos passa a imagem de que, a partir desta data, uma nova mentalidade tomaria conta do mundo católico, por unanimidade. Infelizmente, os mitos não se apagam desta forma. No caso do mito do deicismo as raízes são milenares e encontram-se calcificadas pelos dogmas. Tal constatação explica a tensão e a polêmica gerada pela declaração *Nostra Aetate*, hoje um divisor de águas no pensamento cristão sobre o judaísmo. Para o historiador John Connelly – autor de *From Enemy to Brother: The Revolution in Catholic Teaching on the Jews* – estas grandes mudanças foram articuladas pelos clérigos nascidos judeus que forçaram as reformas do Concílio Vaticano II[21].

Em síntese, para alguns contestadores destas novas tendências da teologia católica, elas são "dignas de um antipapa", expressando a atuação dos judeus que estavam "tentando alterar a ordem das coisas", ou seja: o "Anticristo se fazia presente em Roma", sendo o Papado "manipulado por forças adversas à verdade cristã". Numerosos movimentos católicos – como era de se esperar – interpretaram *Nostra Aetate* como uma apostasia, um momento de crise que levaria a fé católica à agonia. Cardeais mais conservadores formaram uma frente de oposição tentando anular a declaração que – além de condenar todas as formas de ódio, dentre as quais o antissemitismo – afirmava que Jesus, a sua

---

21. John Connelly, *From Enemy to Brother: The Revolution in Catholic Teaching on the Jews*, Cambridge, Harvard University Press, 2012; "Clérigos nascidos judeus forçaram as reformas do Concílio Vaticano II", em Alfredo Braga, http://alfredobragasobcensura.wordpress.com/2012/08/21/os-convertidos-que-mudaram-a-igreja/

mãe Maria e os apóstolos eram judeus, e que a Igreja teve sua origem no Antigo Testamento. Vozes de resistência às mudanças compararam este momento à "passagem da escuridão de um eclipse horário para o colapso de uma demolição católica no espaço de cinco décadas". Inúmeras revistas católicas contestaram esta política de abertura ecumenista, dentre as quais as francesas *Itinéraires, Nouvelles de Chrétienté, Verbe* e *Action Fatima-la-Salette*[22].

Em 2005, quarenta anos apos a declaração *Nostra Aetate* do Concílio Vaticano II, o papa João Paulo II recebeu no Vaticano 160 rabinos e cantores litúrgicos de Israel, dos Estados Unidos e da Europa, fortalecendo assim o diálogo católico-judaico. Hoje há uma grande expectativa de reconciliação da Igreja com o seu próprio passado e os judeus, recaindo sobre o atual papa Francisco I, ex-arcebispo de Buenos Aires, eleito em 13 de março de 2013. A ferida continua aberta, apesar de Francisco I reconhecer que *Nostra Aetate* é uma referência para as relações com o povo judeu[23].

---

22. Ariel Danielle, "Nada de Novo: É o Próprio Bergoglio a Confirmar--se Herege", em *Pro.Roma. Mariana*, 30 de dezembro de 2013. http://promariana.wordpress.com/2013/12/30/nada-de-novo-e-o-proprio--bergoglio-a-confirmar-se-herege/

23. Peter E. Gordon, "The Border Crossers", em *New Republic*, 18 may 2012; http://www.newrepublic.com/article/books-and-arts/magazine/103331/catholic-jewish-anti-semitism-pope-vatican-nazis

MITO 2

Os Judeus São uma Entidade Secreta

O mito diz que os judeus são uma entidade secreta e que "tramam dominar o mundo". A verdade é que estes rumores, assim como tantos outros que existem sobre os judeus, continuam tendo penetração nos mais profundos estratos da cultura ocidental que sustenta ranços herdados do antissemitismo tradicional, de fundamentação teológica.

Em pleno século XXI, este medo foi revitalizado sob o viés do perigo de uma guerra nuclear supostamente arquitetada pelo Estado de Israel e do medo do fim do mundo que sempre dominou a consciência popular. Esta narrativa, no entanto, tem suas raízes no ódio medieval contra os judeus que, em diferentes momentos, foram acusados de atuar nas sombras ou nos subterrâneos da sociedade, promovendo complôs, atentados, rituais satânicos ou de magia negra, de conspirarem contra a Cristandade e de instigarem a matança de cristãos. Esta é a parte mentirosa do mito que, neste caso em especial, tem um fundo de verdade: os judeus entre os séculos XV e XIX realmente praticavam o judaísmo secretamente, mas sem ser uma seita satânica e sem ter como objetivo o plano de conspirarem para dominar o mundo ou destruir o Cristianismo.

Inicialmente, os motivos para tais acusações eram sociopolíticos e valiam-se de argumentos religiosos que favoreciam o confisco dos bens dos cristãos-novos, estigmatizados como "impuros" enquanto membros de uma "raça infecta". Durante a era inquisitorial, tanto em Portugal como na Espanha, este grupo foi acusado de praticar "snoga" (sinagoga) secreta com o propósito de se fortalecer enquanto grupo e fragilizar os dogmas da Igreja Católica. A verdade é que os cristãos-novos – para conseguirem fugir das perseguições inquisitoriais e da pena de morte na fogueira – não tinham outra opção a não ser mergulharem no marranismo, ou seja: se "judaizarem" às escondidas com o objetivo de preservar os princípios do Judaísmo, suas práticas religiosas e, até mesmo, sobreviver enquanto minoria.

A partir do século xv, principalmente, o termo *marrano* (que quer dizer suíno, porco, segundo o antigo vocabulário espanhol) foi aplicado para definir judeus, e mouros convertidos ao cristianismo. Com sentido pejorativo, o vocábulo vinha associado à ideia de falsidade, indignos de confiança, conspiradores e de raça infecta. Segundo o dicionário de Raphael Bluteau, publicado em 1713, "infecto de sangue chamamos a quem descende de Pays mouros, ou de Judeos. Porque he herdado como infecto de sangue". Esta definição remete a um outro verbete que define o sentido de ser "limpo de sangue", em oposição a "infecto": "diz se hü christão-velho, sem casta de mouro, nem judeo. Puro *sanguine genitus*". Os conceitos de pureza e impureza de sangue persistiram ao longo dos séculos XVIII e XIX sendo estendido também aos negros, mulatos e ciganos. No século XX, na Alemanha nazista a expressão "limpo de sangue" foi retomada para qualificar aqueles que eram de sangue ariano comprovando assim a "pureza da raça"[1].

Segundo Anita Novinsky, pioneira dos estudos inquisitoriais no Brasil, o marranismo deve ser interpretado como um movimento de resistência contra "a imposição de uma cultura, simbolizando o progresso contra a estagnação, a modernidade contra o conservadorismo". Enquanto dissidentes da ordem cristã imposta pela Igreja Católica a partir do século XV, os cristãos-novos ou marranos eram perseguidos como hereges e tratados como párias sociais. Com a intenção de escapar das perseguições inquisitoriais e da morte na fogueira, os cristãos-novos criaram for-

---

1. Raphael Bluteau, *Vocabulário Português e Latino, autorizado com exemplo dos melhores escritores portugueses e latinos e offerecido a El Rey de Portugal D. João V*, Coimbra, no Real Collegio das Artes da Cia de Jesus., MDCCXIII, p.122 e 134; Dicionário Exegético, por hum Anônymo, Lisboa, Officina Patriarcal de Franc. Ameno, 1781; Mário Fiuza, *Elucidário das Palavras, Termos e Frases, edição crítica baseada nos manucristos e originais de Viterbo*. 1ed., Lisboa, Livr. Civiliz, 1798/1799.

mas de comunicação na clandestinidade: circulavam pelo mundo subterrâneo, alimentando assim as suspeitas e "rumores" (o *"ouvi dizer que..."*) propagados pelos cristãos-velhos e inquisidores, assim como pelo Estado absolutista, que agiam em nome da preservação da Fé Católica e da segurança do Império. Neste contexto ganhou forças o projeto de unificação dos reinos de Portugal e da Espanha que negava o direito de "ser diferente" às minorias não católicas, por tradição[2]. Uma das explicações formuladas por uma corrente de historiadores, com a qual compartilho, é a de que os cristãos-velhos estavam interessados em impedir o avanço da burguesia comercial (em grande parte composta por elementos de origem judaica, comerciantes bem-sucedidos em geral) e dedicados a preservar seus privilégios enquanto grupo representante da "raça pura"[3].

---

2. Anita Novinsky, "Consideraciones sobre los Criptojudíos Hispano-Portugueses: El Caso de Brasil", em Angel Alcalá (org.), *Judíos, Sefarditas, Conversos. La Expulsión de 1492 y Sus Consecuencias*, New York/Madrid, Ed. Âmbito, 1992, pp. 513-522; "Marranes: Le judaisme laique dans le nouveaux monde", em I. Roseman (org.), *Juifs laiques du Religieux Vers Culturel*, Paris, Corlet, 1992, pp. 92-96; Lina Gorenstein; Maria Luiza Tucci Carneiro (orgs.), *Ensaios sobre a Intolerância. Inquisição, Marranismo e Antissemitismo*, São Paulo, Humanitas; Fapesp, 2002; Cecil Roth, *A History of the Marranos*, New York, Meridian Books; The Jewish Publication Society of America, 1959.

3. Antonio José Saraiva, *Inquisição e Cristãos-novos*, Porto, Inova, 1969; Anita Novinsky, *Cristãos-novos na Bahia*, São Paulo, Perspectiva, 1972.

Seguindo os rastros deste mito ao longo dos séculos xv ao xx, (re)encontrá-lo-emos em vários países da Europa e das Américas, inclusive no Brasil. O fato do Judaísmo ter sido proibido durante a Época Moderna realmente favoreceu o processo de laicização e de integração dos cristãos-novos na sociedade europeia, onde uma parte aderiu à Franco-maçonaria a partir do século xviii. Enquanto representantes de um povo letrado (*Povo do Livro*) e adeptos dos ideais de liberdade, fraternidade e igualdade, os judeus identificaram-se com os princípios da Maçonaria, que defende a ideia de uma sociedade que valoriza o homem livre, sem distinção de raça, religião, ideologia política ou posição social. Mesmo porque muitos dos princípios éticos, ritos e símbolos da Maçonaria surgiram inspirados no Judaísmo e no Antigo Testamento. Mais uma vez, a crença de que "os judeus formam uma sociedade secreta" encontrou alimento na realidade que, distorcida pelos "criadores de mitos", continuou a instigar o ódio aos judeus.

Uma rica literatura de fundo antissemita foi disseminada na França, e depois no Brasil, de autoria de Léon de Poncins, Oscar de Férenzy, I. Bertrand, Léon Bloy e Édouard Drumond. As teorias de Léon de Poncins (1897-1976), jornalista e escritor francês, por exemplo, reafirmavam a ideia de que a Franco-maçonaria estava intimamente relacionada ao Judaís-

MITO 2 | Os Judeus São uma Entidade Secreta

mo com a pretensão de unificar o mundo sob a lei judaica[4]. Poncins foi um dos principais disseminadores da tese de que os judeus formavam sociedades secretas em aliança com os franco-maçons, valendo-se de um acirrado discurso antijudaico, anticomunista e antiprogressista. Dedicou-se a denunciar as forças ocultas que corrompiam o Cristianismo, tendo influenciado vários intelectuais, dentre os quais Gustavo Barroso (1888-1959), teórico e integralista brasileiro, assíduo defensor das suas teorias. As obras de Léon de Poncins integram as matrizes francesas que, desde o final do século XIX, instigaram a propagação do pensamento antissemita modelado por mitos políticos[5].

Importantes estudos sobre os mitos das sociedades secretas povoadas por demônios foram desenvolvidos por historiadores dentre os quais cito: *Mitologia das Sociedades Secretas* (*Mythology of Secret Societies*), de John Roberts, *A Era do Irracional* (*The Age of the Irrational*),

---

4. Dentre as obras de Léon de Poncins cito: *Sociétes des Nations Super-état Maçonique,* Paris, Gabriel Beauchesne et as fils, MCMXXXVI; *As Forças Secretas da Revolução: Maçonaria-Judaísmo*, Porto Alegre, Livraria do Globo, 1931. Léon de Poncins, *Freemasonry and the Vatican: A Struggle for Recognition*, Publisher Britons Publishing, 1968, p. 76.

5. I. Bertrand, *La Franc-Maçonnerie Sect Juive*, Paris, Blound, 1903; León Bloy, *Le Salut par les Juifs*, Paris, Librairie Adrien Dersay, 1892; Édouard Drumond, *La France Juive*, Paris, Flammarion Éditeur, 1938 (1. ed. 1912); Édouard Drumond, *Le Testament d'un Antisémite*, Paris, E. Dentu Éditeur, 1891.

de James Webb, e *A Perseguição do Milênio* (*The Pursuit of the Millenium*), de Norman Cohn, entre outros[6]. Roberts considera que o racionalismo das Luzes e da Revolução Industrial suscitou certos grupos a pensar que "poderiam dominar ou controlar a realidade". James Webb, por sua vez, alerta para o clima de ansiedade e incertezas que, durante o século XIX, permitiu a proliferação da superstição a partir do momento em que o indivíduo descobria que era o "árbitro do seu próprio destino". Norman Cohn, pioneiro e teórico desta nova historiografia, colocou o dedo na verdadeira ferida ao considerar que os milenarismos medievais que subsidiaram a matança de milhares de judeus possuíam traços comuns com os movimentos genocidas modernos. Cohn inovou em seu livro *Autorização para o Genocídio* (*Warrant for Genocide*), de 1967, ao associar o tema antijudaísmo ou antissatanismo ao mito da conspiração dos Sábios de Sião e aos delírios genocidas dos nazistas[7].

---

6. John Roberts, *Mythology of Secret Societies*, London, Secker & Warburg, 1972; James Webb, *The Age of the Irrational. The Flight from Reason*, London, Macdonald & Co., 1971, vol. I; *The Occult Establishment*, Open Court, La Salle, 1976, vol. II; Norman Cohn, *The Pursuit of the Millennium: Revolutionary Millenarians and Mystical Anarchists of the Middle Ages*, London and New York, Oxford University Press, 1970; Léon Poliakov, *A Causalidade Diabólica I. Ensaio sobre a Origem das Perseguições*, tradução Alice Kyoko Miyashiro, São Paulo, Perspectiva; Associação Universitária de Cultura Judaica, 1991.

7. Norman Cohn, *op. cit.*

A acusação de que os "judeus atuam como uma sociedade secreta" tem como foco principal a primeira versão da obra apócrifa *Os Protocolos dos Antigos Eruditos Sábios de Sião*, publicada pelo jornal *Znamya* (*A Bandeira*), de São Petersburgo, no contexto dos conflitos políticos que marcaram a Rússia czarista entre 1903 e 1917. Um conjunto de 24 conferências (1903-1905) demonstravam que os "antigos judeus eruditos", organizados em uma comunidade secreta e multidimensional, procuravam colocar em prática o "programa para a conquista do mundo pelos judeus". Sem limites cronológicos, os textos ofereciam uma interpretação lógica para o caos, sendo a *universalidade* e a *intemporalidade* as principais características estruturais deste mito.

Durante o nazismo o medo aos judeus será ampliado com a acusação aos comunistas que, assim como os judeus, agiam nas sombras e nos becos escuros da sociedade conspirando contra a nação alemã. Conspirações mundiais (judaica, marxista, franco-maçônica etc.) serão denunciadas pelas autoridades nacional-socialistas através do cinema, da imprensa, de exposições iconográficas e dos discursos oficiais. Centenas de pôsteres foram criados e espalhados pela Alemanha e países ocupados com o objetivo de incitar o ódio aos judeus através da teoria da conspiração judaico-maçom internacional. Cito aqui o cartaz alemão de 1935 que tem como chamada o duo "política mundial – revolução mundial", intermediado pela maçonaria que, dominada pelos judeus, estabelece relações políticas para a dominação judaica através da revolução mundial. A imagem traz os principais símbolos da maçonaria: o templo, o esquadro e o compasso, o avental, o hexagrama (triângulos entrelaçados), o número 33 representando o grau maior ocupado pelo grão-mestre, guardião e condutor da maçonaria. Em vários países, as "explosões revolucionárias" são marcadas com símbolos branco e vermelho.

Outro exemplo desta lógica acusatória é o painel criado para a exposição antibolchevique na França ocupada, onde se vê representada a tendência do judaísmo à hegemonia mundial. Inaugurada em Paris em março de 1942, esta mostra expressa a cruzada alemã contra o judaísmo, a maçonaria e o bolchevismo. A mensagem sustentada pelo título apoia-se na figura de um judeu facilmente identificado pelo nariz adunco, a estrela de Davi costurada à sua roupa, as mechas encaracoladas e o quipá.

O argumento se repete: a Alemanha estava se defendendo da ameaça internacional representada pela "judiaria mundial" que agia nos bastidores das sociedades. Este será um tema recorrente da propaganda nazista que, através de imagens como estas, procurava convocar a população dos países ocupados a "fazer guerra total" [*Totaler Krieg*] contra os russos, além de incentivar o ódio aos judeus. Antes deste evento, um

MITO 2 | Os Judeus São uma Entidade Secreta

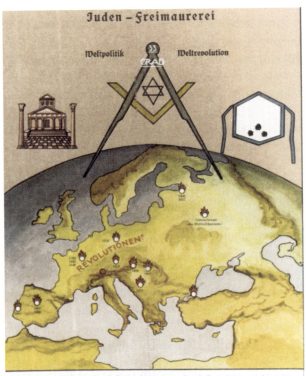

10. Autor não identificado. *Mapa-múndi Ilustrado com Símbolos Maçons*. Stuttgart, c. 1935.

conjunto de leis antissemitas haviam sido editadas pelo governo da ocupação de forma a agilizar o processo de "arianização" que implicava a segregação da população judia-francesa. Tratados como párias, os judeus foram afastados dos cargos de administração, de ensino, das profissões liberais, do mundo das finanças, do teatro, do cinema etc. A força dos mitos contra os judeus que ali persistiam há séculos favoreceu a aplicação das leis antissemitas, como a de 22 de julho de 1941, que, através do confisco de bens, justificava a intenção de "eliminar toda e qualquer influência judaica da economia mundial", segundo as previsões dos *Protocolos*. Estima-se, segundo o historiador Michel Winock, que nos primeiros anos da ocupação "15 mil famílias no total de 60 mil pessoas no mínimo, perderam, na zona ocupada, seus meios de sobrevivência"[8].

A trilogia *Judaísmo – Maçonaria – Seitas Secretas* instigou o discurso antissemita e anticomunista em vários países, ganhando adeptos também no Brasil dos anos 1930 e 1940, justificando as ações de intolerância racial e política durante o governo de Getúlio Vargas. Jackson de Figueiredo – intelectual católico, de extrema-direita – por exemplo, posicionava-se, desde os anos 1920,

---

8. Michel Winock, *La France et les Juifs, de 1789 à nos Jours*, Paris, Éditions du Seuil, 2004, p. 226.

contra a invasão da Maçonaria e do Judaísmo Internacional, indicados como perigos ameaçadores ao lado do Protestantismo[9].

Até mesmo o diplomata Oswaldo Aranha, então embaixador do Brasil nos Estados Unidos, sugeriu a Getúlio Vargas um programa de luta universal contra a *Maçonaria*, o *Comunismo* e o *Judaísmo*. Argumentava que o nosso país estava dominado pela Maçonaria de fundo liberal, colocada a serviço de ideais extremistas. Acusou o Judaísmo de criar e manter um "ambiente capaz de deslocar esta civilização para o abismo", e que, se esta tendência continuasse a ser manipulada pelo espírito judaico, "arrastaria toda esta civilização para um novo regime, similar ao russo". Tal acusação não difere muito do conteúdo propagado por L. Bertrant, em sua obra *A Maçonaria, Seita Judaica: Suas Origens, Sagacidade e Finalidades Anticristãs*, traduzida pelo integralista Gustavo Barroso em 1938; e também de *Judaísmo, Maçonaria e Comunismo*, também de Barroso, publicada em 1937.

---

9. Revista *A Ordem* (53), 4:5 *apud* C. da Cunha, *Educação e Autoritarismo no Estado Novo*, São Paulo, Cortez, 1981, p. 94. Ver também Enrique Luz, *"O Eterno Judeu" Antissemitismo e Antibolchevismo nos Cartazes de Propaganda Política Nacional-Socialista (1939-1945)*, Dissertação de Mestrado em História, da Faculdade de Filosofia e Ciências Humanas da UFMG, 2006.

11. Autor não identificado. Imagem que ilustra a capa do livreto *La Masoneria en Accion*. Madrid, 1941.

12. "El Judaismo", ilustração do livro *La Garra del Capitalismo Judio*, autor não identificado. Madrid, 1943.

13A. Matrizes do mito publicadas no Brasil: *A Maçonaria Seita Judaica*, de L. Bertrand (1938), Capa; **13B.** *Judaísmo, Maçonaria e Comunismo*, de Gustavo Barroso (1937), Capa.

A persistência da acusação

Sob o viés do antissemitismo moderno, a acusação que persiste é a de que este grupo (dos "judeus conspiradores") faz parte da "judiaria mundial" que domina os parlamentos, a imprensa, a economia, a mídia, a educação etc., discurso que tem seus fundamentos calcados nas acusações propagadas pelos *Protocolos dos Sábios de Sião*.

Versões como estas ressurgiram como resposta à declaração *Nostra Aetate* (*Em Nossa Época*) divulgada pelo Vaticano em outubro de 1965, avaliada pelos opositores como uma apostasia. Voltou a circular o velho discurso acusatório de que os inimigos (no caso, os judeus e os maçons) tramavam contra a Igreja para a sua flagelação, desde a "ocupação maçônica do Vaticano". A dimensão dos estragos acarretados pela abertura ecumênica foi registrada no livro *Complô contra a Igreja*, cujo autor se esconde por trás do pseudônimo de Maurice Pinay. Retomou-se a imagem do "complô talmúdico", acusando-se João XXIII de estar vulnerável às potentes lojas e sinagogas do mundo.

Exemplo de que o mito persiste pode ser consultado nas páginas deste sítio na Internet: *Católicos Alerta: Defendiendo nuestra fe*, que tem como propósito demonstrar que "maçons, modernistas, feministas, marxistas (socialistas e comunistas), humanistas, satanistas, e outros homens perversos se infiltraram no Vaticano". Através de suas páginas, os mantenedores deste sítio pretendem pretendem denunciar os "frutos podres" produzidos desde a renovação do Concílio Vaticano II (1962-1965), valendo-se de imagens e artigos para "revelar a natureza sinistra da conspiração judaica". Para o artigo "La masonería en acción contra la Iglesia Católica", disponível desde 2016, o autor [Velho Camarada Marcelino do Apontador] insere uma ilustração inspirada em uma das cenas retratadas no livro infantil nazi *O Cogumelo Venenoso* (*Der Giftpilz*), do antissemita Julius Streicher: a imagem é a de um gordo judeu que, vestido de fraque e cartola, tenta seduzir uma mulher ariana, apresentando-se como um galanteador católico. Como subtítulo: "La Argentina cautivada y seducida por ellos. Lo hacen desde los antros satánicos creados por ellos"[10].

O texto, de autoria do "Velho Camarada Marcelino", reproduz acusações de que o "furor anticristão da maçonaria" atua em vários países com a ajuda de Satanás, entre os quais menciona Argentina, Chile, Estados Unidos e México. Reproduz *slogans* presentes em publicações na França e Espanha desde fins do século XIX, recordando o conteúdo do livro *A Franca-Maçonaria, Sinagoga de Satan* (*La Franc-Maçonnerie, Synagogue de Satan*), de 1893. Define a "obra maçônica" como "nefasta", marcada pelo fanatismo e a superstição contra a Igre-

---

10. Disponível em : http://www.catolicosalerta.com.ar/masoneria/contra-iglesia.html. Acesso em 06.08.2019.

14. Fips, pseudônimo de Philipp Rupprecht, desenho publicado no livro *Der Giftpilz: Erzahlungen* [*The Poisonous Mushroom*], de Ernst Ludwig Hiemer, *Der Stürmer*, Alemanha, 1938.

ja Católica, ação que quer ser visível nas escolas onde se suprimiram os crucifixos, os catecismos e as imagens de santos, da mesma forma que o "santo nome de Deus e de Jesus Cristo". Comparando a maçonaria chilena com o Grande Oriente da França, conclui que "é um poder Oculto estrangeiro que está dirigindo, através das lojas chilenas, grande parte da nossa vida nacional". Enfim, a mentira e a manipulação sobrevivem assim como a figura de Satanás no imaginário coletivo, agora em versão digital.

15. Diabolização do judeu na página do livro infantil alemão antissemita, *Trau Keinem Fuchs...*, de Elvira Bauer – *Der Stürmer*. Alemanha, 1936.

MITO 3

Os Judeus Dominam
a Economia Mundial

*O mito diz que os judeus dominam a
economia mundial. Este* slogan *ou jargão
econômico está diretamente atrelado ao
envolvimento dos judeus com o surgimento
do capitalismo no mundo moderno, e
americano em especial. Há também um
entrelaçamento com a tese de que os judeus
pretendem dominar o mundo, impondo-se
em todos os setores da sociedade: economia,
política, imprensa, educação etc.*

A relação direta dos judeus com o capitalismo moderno lhes rendeu (e ainda rende) um acúmulo de acusações por parte daqueles que, por inveja ou por se sentirem "engessados" pelas normas de suas religiões, não aceitam as conquistas deste grupo no campo empresarial. Para alguns, viver como comerciante ou como banqueiro significa viver às custas do outro, seduzido pelo lucro fácil, pelo ócio e pela ganância. Mas na verdade, o sentimento de ganância e ambição do homem não é uma fatalidade exclusiva dos judeus e nem do capitalismo.

A questão aqui extrapola estes sentimentos, pois diz respeito a uma postura ética, de caráter, válida para toda a humanidade, independente de qualquer credo, nacionalidade, ideologia ou grupo étnico. Daí a importância da educação que, através do conhecimento, pode integrar nossos jovens numa dimensão ética e política, orientando-os a conviver com a diversidade, sem preconceitos. Tais preocupações vêm desde os tempos de Platão (427-347 a.C.), autor do livro *República*, passando pelo Novo Testamento, passando por Thomas More (1478-1535), filósofo e grande humanista do Renascimento, pelo filósofo e revolucionário alemão Karl Marx (1818-1883) e pelo sociólogo alemão Max Weber (1864-1920), entre outros.

Max Weber, através da sua clássica obra *A Ética Protestante e o Espírito do Capitalismo* (*Die protestantische Ethik und der Geist des Kapitalismus*), escrita entre 1904 e 1905, nos ajuda a avaliar a extensão deste mito, analisado no contexto das radicais transformações da vida material do homem, operadas pela Revolução Industrial. Ao analisar as origens do capitalismo, Weber relaciona algumas normas presentes no Antigo Testamento com o ideal de justiça e com as éticas judaica e puritana. A seu ver, a concepção de vocação profissional e de uma conduta de vida ascética, tanto pelos protestantes como pelos judeus, influenciou o estilo de vida capitalista. A ascética consiste no esforço metódico e continuado que, com a ajuda da graça, favorece o pleno desenvolvimento da vida espiritual, aplicando meios e superando obstáculos. No caso dos judeus: valorizam o uso racional das posses, os reinvestimentos nos negócios e o trabalho profissional, sem descanso, como a "manutenção e continuidade do trabalho duro que agrada a D'us"[1].

Max Weber reconhece o fato de que certas religiões – como o protestantismo e o judaísmo – orientam as pessoas no seu cotidiano, em geral, e nas práticas econômicas em particular. Por estarem aparentemente mais inclinadas ao progresso, impulsionam seus seguidores a perseguirem o lucro como algo natural, movidos por uma vocação. Tal postura – notada mais no Ocidente – se faz movida por uma força que denomina de "espírito do capitalismo moderno" delineado por um *ethos* particular. Este *ethos* particular é construído por indivíduos inovadores que têm qualidades para se livrar do pensamento tradicionalista que os trata como "seres avarentos". Weber enfatiza que tanto os protestantes como os judeus são favorecidos pela ética de suas religiões, tratando o negócio como algo natural, indispensável e essencial à vida, opondo-se àquele que prega que o indivíduo deve trabalhar apenas para suas necessidades básicas. Portanto, para o funcionamento do capitalismo moderno, o comportamento inovador se faz necessário, assim como a persistência da crença de que seguir a vocação é ético e digno da admiração de D'us, e não um pecado. É nesta

---

1. Max Weber, *A Ética Protestante e o Espírito do Capitalismo*, São Paulo, Companhia das Letras, 2004, p. 147.

direção – do pecado, da falta de ética e do abuso de poder – que caminha o mito de que os judeus "dominam a economia mundial"[2].

Esta maneira de ver o mundo contraria a ética defendida pelo catolicismo, por exemplo, que considera o lucro obtido através da cobrança de juros como um pecado. Com o advento da Reforma Protestante, o monge alemão Martinho Lutero protestou contra diversos pontos da doutrina da Igreja Católica Romana ao publicar suas 95 teses na porta da Igreja do Castelo de Wittenberg em 31 de outubro de 1517. Lutero atendia aos desejos da burguesia que almejava altos lucros econômicos (prática condenada pela ética católica) e também da nobreza interessada em se apossar das riquezas da Igreja Romana e livrar-se da tributação papal que, apesar de pregar a pobreza e a simplicidade, era (e ainda é) a instituição religiosa mais rica no mundo ocidental. Esta nova postura ética – a *ética protestante* – acarretou mudanças: apesar de não ser favorável à acumulação de capital, inovou com ideias a respeito da divisão do trabalho e a vontade de progredir como uma "ação que atende a vontade de D'us: é a busca por um estado de graça; é o indivíduo exercitando a sua vocação reservada à ele por D'us". Weber

---

2. Max Weber, *A Ética Protestante e o Espírito do Capitalismo*, São Paulo, Companhia das Letras, 2004.

procura demonstrar que o trabalho enriquecedor é permitido pela ética protestante que é racional por natureza. Para o protestantismo, o que vale não "é o trabalho em si, mas o trabalho profissional racional", pois "é isso exatamente que D'us exige", ou seja: o crente deve aproveitar a oportunidade de obtenção de lucro "visando atender a vontade de D'us para com ele"[3].

Para Werner Sombart, autor de *O Apogeu do Capitalismo*, as origens do capitalismo comercial ou mercantil associam-se fortemente às cidades de tradição católica. Na sua opinião, diferentemente de Max Weber, a Igreja Católica teve um papel importante e ativo na formação do sistema bancário. Considera influentes as recomendações de Tomás de Aquino que minimiza a oposição entre riqueza e pobreza, ao considerar como pecado apenas o "uso indevido" da riqueza. Segundo Sombart, o protestantismo teve uma influência decisiva no capitalismo industrial e o judaísmo foi pioneiro no desenvolvimento do *espírito capitalista*. Daí os judeus não defenderem nenhum ideal ascético de pobreza, ainda que existam muitos judeus pobres; são excelentes comerciantes e financistas, talvez por não colocarem restrições aos empréstimos de dinheiro aos estrangeiros. Conscientes do papel da propaganda e da concorrência como sendo "a alma dos negócios", sem-

---

3. *Idem.*

pre fizeram uso generalizado das práticas de descontos nos preços, parcelamento do pagamento com cobrança de juros, estratégias comumente usadas para conquistar a sua clientela[4]. No entanto, para o antissemita convicto de que "os judeus não têm escrúpulos" (leia-se ética), tal prática é criminosa, sendo aplicada, de forma generalizada, a todos os judeus, isentando desta acusação o cidadão católico, o protestante, o neopentecostalista, evangélicos, dentre outros. Ou melhor, nem sempre…!

No blogue www.inacreditavel.com.br um texto assinado por Norberto Toedter (negacionista do Holocausto) e publicado em setembro de 2009 retoma este mesmo mito, ampliando para outras forças que "tentam estabelecer uma Nova Ordem Mundial". Lembra que a Alemanha dos anos 1930 "identificou o que se passava nos bastidores mundiais e… deu nome aos bois: PLUTOCRATAS!" Apesar de confessar que "é um grande erro ficar insistindo na adversidade entre nazistas e judeus", Toedter escreveu que tal abordagem só serve para desviar a atenção dos verdadeiros manipuladores dos destinos mundiais:

> Entre estes estão *não só* os Rothschilds, Warburgs, Baruchs, Morgans como também os Rockefeller, *que são evangéli-*

---

4. Werner Sombart, *El Apogeo del Capitalismo*, México, Fondo de Cultura Económica, 1984, 2 vols.

cos e muitos outros que não pertencem à confissão dos primeiros. São donos de bancos, companhias petrolíferas, editoras, reis, rainhas, chefes de Estado. São principalmente donos de muito dinheiro. Capitalistas ou, como os definiu um grande *expert* em comunicação social de outrora, PLUTOCRATAS. Suas decisões são tomadas em reunião dos Bilderberger, da Comissão Trilateral, do Council on Foreign Relations, do Roundtable. Interessante para nós é o fato de que nas listas de membros não se encontra qualquer nome sul-americano. Será que adianta acreditar que o PRÉ-SAL vai ser nosso?[5]

Uso aqui o nome "fantasia" do próprio blogue, com ponto de exclamação: *inacreditável!* Inacreditável que acusações como estas ainda encontrem seguidores e leitores em pleno século XXI.

O PERIGO SEMITA ENQUANTO INQUIETUDE MUNDIAL

Para compreendermos a dinâmica do mito de que "os judeus dominam a economia mundial", e sua extensão ao longo dos séculos XX e XXI, devemos retomar a história d'*Os Protocolos* que, enquanto produto de vários mitos políticos, transformou-se em uma das mo-

---

5. Norberto Toedter, autor do livro *... E a Guerra Continua*, é negador do Holocausto e mantém o blogue *Inacreditável* [Grifos nossos]. Consultado em 01.05.2013: http://inacreditavel.com.br/wp/plutocratas/.

las propulsoras do antissemitismo e do genocídio modernos. Seu conteúdo nos remete a outros mitos aqui elencados: de que os judeus formam uma sociedade secreta internacional, de que eles controlam a mídia e a política, financiam as guerras, o tráfico de armas etc. Esta obra, considerada como um dos maiores blefes da História Contemporânea, é o exemplo perfeito do princípio de que, se a mentira for repetida inúmeras vezes, não importando quão ridícula ela seja, começará a ser aceita como verdade.

O texto-matriz que deu origem aos *Protocolos* foi inspirado na obra escrita por Sergey Nilus no final do século xix, que, por sua vez, havia tomado por base uma sátira publicada em Bruxelas (1864), de autoria de Maurice Joly, contra Napoleão iii, Imperador da França. Esta recompõe o diálogo entre Maquiavel e Montesquieu no inferno, sendo Napoleão apresentado como um homem cínico, ambicioso, sem escrúpulos e aventureiro, cuja pretensão era tomar o poder, ampliando as conquistas iniciadas por seu tio Napoleão i.

Dois anos depois, as conferências foram novamente publicadas com o título *A Raiz de Nossos Problemas: Onde se Acha a Raiz das Actuais Desordens da Sociedade na Europa e Especialmente na Rússia*. Em 1905, ano da primeira revolta russa (tema do filme *O Encouraçado Potemkin*, dirigido por Eisenstein),

Nilus publicou o livro *O Grande no Pequeno ou O Anticristo como Possibilidade Política Próxima: Notas de uma Pessoa Ortodoxa*, no qual *Os Protocolos* foram incluídos como encarte. Esta é, ainda, a versão que serve de matriz para as edições impressas dos *Protocolos* em várias partes do mundo. Apesar desta burla ter sido denunciada em 1921, por um correspondente do *Times*, em Londres, continuou a proliferar e conquistar adeptos.

Neste contexto, não devemos desprezar a força do mito que tem a capacidade de atualização e constante revitalização: em 1898, o caricaturista francês C. Léandre produziu um *cartoom* político intitulado "Rothschild", reproduzido em 1921 por Eduard Fucks (1870-1940) em seu livro *Die Juden in der Karikatur ein Beitrag zur Kulturgeschichte*. Podemos dizer que esta imagem foi o prenúncio de tantas outras que seriam publicadas durante a primeira metade do século xx. Aqui já aparece a figura estereotipada do judeu, com nariz adunco e garras de ave de rapina, abraçando o mundo. Na coroa, a figura de um bezerro de ouro se projeta sobre uma auréola dourada onde se lê "Israel"[6].

---

6. Eduard Fucks. *Die Juden in der Karicatur ein Beitrag zur Kulturgeschichte*. München, Langen, 1921. Digital Collections of the University Library Regensburg.

Rothschild

Französische Karikatur von C. Léandre. 1898

16. C. Léandre, caricaturista francês autor da imagem "Rothschild", 1898, publicada por Eduard Fuchs, *Die Juden in der Karikatur: ein Beitrag zur Kulturgeschichte*, França, 1921.

Em 1906, Butni – baseado no texto de Nilus, que se inspirou na novela de Maurice Joly – elaborou uma nova edição com pequenas alterações textuais e publicou *Inimigos da Raça Humana: Protocolos Extraídos dos Arquivos Secretos da Chancelaria Central de Sião*. A essência dos argumentos está centrada na ideia de que "os antigos sábios" conspiraram em Sião, formulando um plano secreto para destruir o mundo cristão. A partir desta data constatamos a multiplicação desta mentira que, ao longo do século xx, foi sendo enriquecida com novos aditivos apropriados da realidade mundial: crises econômicas, desempregos, terrorismo, imigração ilegal, aids etc.

Em 1919, uma outra versão ampliada dos *Protocolos* surgiu na Alemanha a partir da tradução feita por Gottfried zur Beck, que inseriu novos trechos no original produzido na Rússia czarista, atualizando com informações sobre a Primeira Guerra Mundial, a Revolução Russa de 1917, a derrota germânica etc. A narrativa foi (re)construída de forma a induzir o leitor a acreditar que os judeus eram uma sociedade secreta e que tramavam dominar o mundo. A teoria da conspiração ganhou forças com outros trechos acrescentados por zur Beck, copiados de um panfleto vulgar de autoria de Herman Goedsche, que versava também sobre o tema da conspiração judaica. Desta forma, o mito popularizou-se por toda a Alemanha em edições baratas, do tipo "livro de bolso". Ao longo das décadas de 1920 a 1940, recebeu uma tradução em polonês, seguida de três edições francesas, uma inglesa, três americanas, uma escandinava, uma italiana e uma japonesa. Ao mesmo tempo, o *Times* alardeava à opinião pública a existência de tal conspiração, acompanhado de 23 editoriais publicados pelo *Morning Post* em forma de livro: *A Causa da Inquietude Mundial*. Nem por isso a veracidade dos *Protocolos* foi abalada e, muito menos, conseguiu ofuscar o brilho que lhe foi atribuído pelo nazismo[7].

Em 1919, impressionado com o conteúdo dos *Protocolos*, Henry Ford fundou uma revista para torná-los conhecidos do público americano: *The Deaborn Independence* também conhecido por *The Ford International Weekly* que circulou até 1927. Este periódico atingiu cerca de três mil assinantes, dos quais a maioria era da comunidade judaica americana preocupada com a proliferação do mito difamatório. Neste mesmo ano, Ford publicou o livro *The International Jew*, cuja edição chegou a 150 mil exemplares e, com a mesma intenção, Theodor Fritsch imprimiu uma outra revista na Alemanha *Der International Jude*. Através destes

---

7. Sobre esta polêmica ver W. Creutz, "A Autenticidade dos Protocolos dos Sábios de Sião", em *Os Protocolos dos Sábios de Sião*. Coleção Comemorativa do Centenário de Gustavo Barroso, Porto Alegre, Revisão, 1989, p. 43.

impressos, o mito conquistou novos leitores, sendo alimentado com as ideias de complô internacional e de conspiração judaico-comunista[8].

Esta panfletagem serviu à multiplicação da mentira: encontrou ecos junto aos nacional-socialistas que, mesmo antes da ascensão de Hitler ao poder, procuravam justificar a repressão aos judeus sob o viés de que queriam dominar a economia mundial. Desde o nascimento do partido em princípios dos anos 1920, as acusações reveladas pelos *Protocolos* encontraram em Alfred Rosenberg (1893-1946) – ideólogo nas questões raciais do Partido e confidente de Adolf Hitler – um forte propagandista[9].

A acusação de que os judeus dominavam a economia mundial transformou-se em fantasia e obsessão por parte de Rosenberg e de Hitler, servindo para justificar, entre tantos outros itens, o extermínio de milhões de judeus e de outros grupos étnicos e po-

---

8. Maria Luiza Tucci Carneiro, *O Veneno da Serpente, op. cit.*, pp. 52-57; *O Antissemitismo nas Américas, op. cit.*

9. No ano de 2013, foi encontrado nos Estados Unidos o diário que registra as lembranças pessoais de Rosenberg entre 1936 e 1944. Além de ideólogo do partido, Rosenberg dirigiu o saque nazista ao patrimônio artístico, cultural e religioso dos judeus por toda a Europa, através da unidade "Força-Tarefa Reichsleiter Rosenberg". Foi condenado por crimes contra a humanidade e executado em outubro de 1946. Ver *Folha de S. Paulo*, 10.06.2013. http://www1.folha.uol.com.br/mundo/2013/06/1292879-eua-encontram-diario-perdido-de-lider-nazista-alfred-rosenberg.shtml

líticos, ação genocida que culminou com a Solução Final. Segundo Norman Cohn, estudioso do mito da conspiração judia mundial, Rosenberg publicou, entre 1919 e 1923, cinco panfletos que, além de amplamente difundidos entre a população alemã, tiveram forte influência na forma dos alemães verem os judeus como uma peste a ser exterminada. Um destes panfletos – *Peste na Rússia* (1922) – argumentava que o ódio aos judeus na Rússia czarista se deu por suas ligações com o capitalismo financeiro. Neste impresso, prevalece o argumento de que os judeus, "através da sua habilidade dialética aplicada durante séculos de comentários através do Talmud, haviam convencido a população russa a posicionar-se contra a elite nacional, além de terem se apossado da indústria russa que lhes rendeu a ampla posse de riquezas"[10].

Rosenberg atribui um especial papel a Walter Rathenau, acusado de manter um estreito relacionamento com os judeus bolcheviques da União Soviética, que, por sua vez, compartilhavam com ele as riquezas extraídas da indústria russa. Fazendo uma espécie de "profecia apocalíptica", Rosenberg consegue aliar este grupo aos comerciantes de seda chinesa que, juntamente com letonianos, tentavam submeter russos e

---

10. Norman Cohn, *El Mito de La Conspiración Judia Mundial: Los Protocolos de los Sábios de Sión*, Madrid, Alianza Editorial, 1983, pp. 216-218.

alemães ao capitalismo. Anunciando o início de uma *nova era livre dos judeus*, Rosenberg propõe como "signo de vanguarda da próxima luta por uma nova organização do mundo: a compreensão do caráter do demônio e o combate ao domínio mundial dos judeus, até chegar a um vigoroso renascimento, desatando as malhas da rede construída pelos *tramperos* talmúdicos que, como a ave fênix, ressurgem das cinzas de uma filosofia materialista já queimada, enterrada"[11].

Assim, tanto Alfred Rosenberg como Josef Goebbels, chefe de propaganda do Partido desde 1928, articularam este discurso fundamentado em mentiras deliberadas, que acusavam os judeus de escravizarem o povo alemão, de serem plutocratas e monopolistas explorando a todos os demais. Enfim, a Alemanha nazista apropriou-se do conteúdo d'*Os Protocolos* para justificar a ampliação do seu espaço vital em direção aos países do Leste Europeu e o extermínio em massa dos judeus, muitos dos quais viviam integrados à sociedade alemã. Hitler, durante o período em que esteve preso em Lansberg (1924-1926), procurou sistematizar seu ódio aos judeus exprimindo-o como doutrina. Foi no interior da prisão que o futuro Führer gestou *Mein Kampf*, que, ao lado d'*Os Protocolos*, se transformaria na "Bíblia" dos nazistas e dos antissemitas. Nesta sua

---

11. *Idem*, p. 218.

obra, Hitler invoca o mito da conspiração secreta pelos Sábios de Sião, texto que alimentará o antissemitismo propagado pelo Estado alemão e que irá, dentre outros escritos, justificar as medidas de exceção e extermínio contra os judeus nas décadas de 1930 e 1940 na Alemanha. Basta recuperarmos o discurso propagado pelo Terceiro Reich (1933-1945) para avaliarmos a escalada do ódio: alegava-se que a Alemanha precisava ser "limpa de judeus" (*Judenrein*), que a haviam "bolchevizado por meio da social-democracia de Weimar". Identificados como aliados dos comunistas, os judeus eram diariamente acusados de explorar e escravizar o povo ao *banqueirismo estrangeiro*.

Como já dissemos anteriormente, o mito político (re)alimenta-se da realidade para construir uma nova versão que irá mobilizar a população menos informada e seduzida pela propaganda antissemita, como no caso da Alemanha nazista. Realmente inúmeros são os exemplos de banqueiros judeus que, logo após a Primeira Guerra Mundial e durante a República de Weimar, tentaram ajudar o país a contornar a crise decorrente das reparações de guerra impostas à Alemanha pelo Tratado de Versailles (1919)[12]. Um dos principais

---

12. O principal ponto do Tratado de Versailles determinava que a Alemanha aceitasse todas as responsabilidades por causar a guerra e que, sob os termos dos artigos 231-247, fizesse reparações a um certo número de nações da Tríplice Entente. Os termos impostos à Alemanha incluíam

banqueiros do país, Max Warburg, por exemplo, financiou – segundo Jacques Attali, autor do livro *Os Judeus, o Dinheiro e o Mundo*, publicado em 2010 – "a aquisição de novos navios para a *Linha* que ele salvou da falência, além de evitar a apreensão (em cumprimento das normas impostas pelo Tratado de Versailles) das filiais da Zeiss e da Krupp no exterior, então disfarçadas de empresas britânicas e neerlandesas, após a compra pelos Warburg que abriram filiais em Londres e Amsterdã"[13]. Neste intermédio, vários judeus assumiram cargos importantes junto à República de Weimar (1919-1933), que teve, inclusive, a sua constituição redigida por Hugo Preuss, jurista judeu. Papel importante teve Kurt Eisner (1867-1919), descendente de judeus de sobrenome Kamonowsky, figura de liderança junto ao Partido Social Democrata Independente da Alemanha ao lado de Karl Kautsky, Eduard Bernstein, Julius Leber, Rudolf Breitscheild e Rudolf Hilferding.

Na década de 1920, a Alemanha estava endividada e grande parte da população passava fome e vivia

---

a perda de uma parte de seu território para países fronteiriços, restrição ao tamanho do exército e uma indenização pelos prejuízos causados durante a guerra. Na Alemanha, o tratado causou choque e humilhação na população, fato que contribuiu para a queda da República de Weimar em 1933 e a ascensão do nazismo.

13. Jacques Attali, *Os Judeus, o Dinheiro e o Mundo*, trad. Joanna A. Dávila Melo, São Paulo, Saraiva, 2010, pp. 494-495.

na miséria. Em 1921, foi estipulado o valor oficial das reparações de guerra a serem pagas pela Alemanha: 33 milhões de dólares. A partir desse ano, o clima político-econômico da Alemanha favorecia a "abertura de caça aos judeus": Hugo Preuss, Kurt Eisner e vários de seus ministros judeus foram assassinados na primavera desse ano. Walther Rathenau, ministro dos Assuntos Estrangeiros, foi morto por membros da Cônsul, uma organização secreta nacionalista e antissemita.

Após 1922, a maioria dos bancos alemães estavam à beira da ruína e a liderança da República de Weimar foi acusada de não conseguir anular as reparações impostas pelo Tratado de Versailles. A situação de crise apresentava-se favorável à inversão de valores preparando o clima para a virulência antissemita. Alguns poucos conseguiram enriquecer através da especulação e manipulação do mercado financeiro, fortalecendo o mito de que *os judeus dominam a economia, o dinheiro e o mundo*, e que "todos os caminhos levam aos Rothschilds". Aliás, este será um dos nomes mais citados pelos fanáticos antissemitas e que continua funcionando como "o gatilho para os mais explosivos tremores antissemitas", segundo relatório do ano 2000, produzido pela *Anti-Defamation League*[14].

---

14. Fritz Springmeier, "The Power of the Rothschilds", em http://rense. com/general77/powers.htm; Relatório "'Control' do Federal Reserve:

O Warburg sobreviveu graças aos empréstimos concedidos pelo Kuhn-Loeb, ligado à Casa dos Rothschilds. Em setembro de 1923, Paul e Max Warburg conseguiram criar o Hamburger Bank, que emitia suas próprias notas sustentadas com fundos do Kuhn-Loeb. Em novembro, Gustav Stresemann – chanceler da República de Weimar (*Reichskanzler*) – sugeriu a criação de uma nova moeda para toda a Alemanha: o *Rentermark*, garantido por um conjunto de bens da economia alemã. Além disso, a entrada de capital americano através do Plano Dawes de 1924 ajudou a trazer uma aparente estabilidade financeira para o país, que aos poucos se refez, tornando-se uma das grandes nações industriais do mundo. Antes de 1933, as indústrias Siemens, Hapag, Vereinigte Sahlwerke e IG Farben já eram conhecidas por seu poderio econômico[15].

Neste interregno, os judeus – cada vez mais integrados através de casamentos mistos – haviam perdido suas posições-chave no setor bancário e industrial, mantendo apenas o Deutsche Bank, dirigido por Oscar Wasserman, e o Darmstädter Bank, de Jacob

---

Um Mito Antissemita Clássico", *Anti-Defamation League*, julho de 1995; reeditado em 2000, http://archive.adl.org/special_reports/control_of_fed/fed_rothschild.asp.

15. Ver Frederic Ewen, *Brecht. Sua Vida, Sua Arte, Seu Tempo*, São Paulo, Editora Globo, 1991, p. 128.

Goldschmidt[16]. Entre 1925 e 1929, a figura fantasmagórica do desemprego delineava uma Alemanha dividida entre uma minoria rica e a maioria da população desempregada, situação que preparou o terreno para a chegada ao poder dos nacional-socialistas e do antissemitismo. Em 1925, a cidade de Berlim contava com cerca de 120 mil pessoas desempregadas, passando a 284 mil em janeiro de 1927, e chegando a meio milhão em 1929. Em 1932 – ano em que Hitler perdeu as eleições para Von Hindenburg – o país havia superado, segundo o historiador Frederic Ewen, a marca dos seis milhões de desempregados[17]. Entre 1933 e 1945, o discurso antissemita acionado pelo Terceiro Reich sustentará a tese de que os judeus eram "culpados por todos os males" que atingiam a Alemanha.

A inquietação de que os judeus dominam a economia mundial sobreviveu à Segunda Guerra Mundial, assim como sobreviveram alguns bancos de proprietá-

---

16. Jacques Attali, *op. cit.*, pp. 496-497.

17. *Idem*, p. 239. Ver a interessante análise realizada por Maurini de Souza dos anúncios publicitários que, no entreguerras, atendia o lazer da elite alemã. Maurini de Souza, *A Trajetória do Tratamento de Segunda Pessoa em Textos Publicitários durante o Século XX: Um Comparativo entre Brasil e Alemanha*, Tese de Doutorado, Programa de Pós-Graduação de Estudos Linguísticos, do setor de Ciências Humanas, Letras e Artes, Curitiba, Universidade Federal do Paraná, 2012, pp. 105-196. Disponível em http://dspace.c3sl.ufpr.br/dspace/bitstream/handle/1884/26951/VERSAO%20FINAL.pdf?sequence=1

rios judeus, católicos, protestantes e tantos outros. Na Grã-Bretanha persistem a força e a pujança dos Rothschilds, enquanto que Horace Finaly mantém a presidência do Banco de Paris e dos Países Baixos. O sucesso econômico dessas lideranças contribui (obviamente sem intenção ou indiretamente) para a reabilitação do mito, como podemos constatar no livro *Chamado para Servir*, do coronel James "Bo" Gritz, candidato à presidência dos Estados Unidos em 1992 pelo Partido Populista. Retomando o velho chavão antissemita, James Gritz – que durante sua campanha conclamou abertamente os Estados Unidos a tornar-se uma "nação cristã" – denunciou que "oito famílias judias controlam o Federal Reserve System (FED)". Em 1983, a Associação Nacional dos Funcionários Aposentados Federais (NARFE), da Pensilvânia, publicou em seu boletim que o Federal Reserve System era uma "empresa privada" controlada pelos seguintes bancos: Rothschild de Londres e Berlim, Lazard Irmãos do Banco de Paris, Israel Moisés Seif na Itália, Banco Warburg de Hamburgo e Amsterdam, Lehman Bros Bank of New York, Chase Manhattan Bank de Nova York, Kuhn, Loeb and Co., Bank of New York, Goldman Sachs Bank of New York. Assim disse o mito, mas a verdade é outra. Em 1995 e novamente em 2000, a *Anti-Defamation League* denunciou esta acusação como "um exemplo clássico do mito", informando que, com

MITO 3 | Os Judeus Dominam a Economia Mundial

exceção do Chase Manhattan Bank, nenhuma das instituições citadas pelo boletim NARFE eram membros do
Federal Reserve Bank de Nova York, o maior e mais
importante de doze bancos do FED[18].

O MITO NO BRASIL

No Brasil dos anos 1930, o mito de que *os judeus dominam a economia mundial* teve importantes defensores,
entre os quais Gustavo Barroso, Brasilino de Carvalho e
Tenório d'Albuquerque, inspirados em matrizes francesas do século XIX e alemãs do século XX. Estes intelectuais integralistas tinham como leituras de cabeceira a
obra apócrifa *Os Protocolos dos Sábios de Sião* e *O Judeu Internacional*, de Henry Ford, conforme registrado
em suas inúmeras citações bibliográficas. Na década de
1930, em pleno governo Vargas, a Editora Globo de
Porto Alegre assumiu as primeiras publicações integralistas, procurando, através de "notas elucidativas", conquistar o leitor brasileiro para *Os Protocolos*. Assim, o
mito do complô judaico ampliou suas acusações, servindo
também ao *mito do complô comunista internacional*, que
conquistou espaço junto aos adeptos do ideário nazifas-
cista e do anticomunismo, mobilizados por sentimentos

---

18. Relatório "'*Control' do Federal Reserve: Um Mito Antissemita Clássico*",
Anti-Defamation League, *op. cit.*

nacionalistas, xenófobos e antissemitas. Fenômeno semelhante ocorreu na Alemanha nazista, na Itália fascista, no Portugal salazarista, na Espanha franquista, na Argentina peronista e no Brasil getulista. Em todos estes países, o clima era propício para a indicação de um culpado pelas constantes crises que aterrorizavam as populações. Os judeus, de imediato, surgiram como o inimigo-objetivo, sendo responsabilizados pelo caos, pela instabilidade política e financeira[19].

Em todos os países por onde circularam, os *Protocolos* despontaram como o código do Anticristo, tendo como seus intérpretes a elite intelectual identificada com o ideário da extrema-direita, católica e nacionalista. Apesar das dúvidas lançadas sobre o "Livro dos Sábios de Sião", a obra foi amplamente divulgada no Brasil pelos periódicos católicos, como o *Vozes de Petrópolis*, e o jornal integralista *Acção*, publicado em São Paulo. Em 1937, os *Protocolos* alcançavam a sua terceira edição brasileira com uma tiragem de 23 mil exemplares, sem contar outras tantas edições clandestinas e algumas "comemorativas" replicadas até 1995, com várias roupagens.

---

19. Luis Reis Torgal; Heloisa Paulo (orgs.), *Estados Autoritários e Totalitários e suas Representações*, Coimbra, Imprensa da Universidade de Coimbra, 2008; Carlos Cordeiro (org.), *Autoritarismos, Totalitarismos e Respostas Democráticas*, Coimbra, ceis20; Ponta Delgada, Centro de Estudos Gaspar Frutuoso da Universidade de Açores, 2011; Federico Croci; Maria Luiza Tucci Carneiro (orgs.), *Tempos de Fascismos*, São Paulo, Edusp, Imprensa Oficial, Arquivo Público do Estado, 2011.

Em 1938, o integralista Gustavo Barroso escreveu *Roosevelt, é Judeu*, traduzido para o espanhol por Mario Buzatto e publicado na Argentina, nos *Cuadernos Antijudíos*, em apoio a uma forte campanha antissemita naquele país. Na opinião de Hector de Herze, que introduz o leitor ao tema, Gustavo Barroso era odiado pela "sinagoga" por ter descoberto que o concorrente de Getúlio Vargas, candidato à presidência da República em 1937, era judeu que ocultava seu sobrenome materno (Moretzohn) atrás do sobrenome português de Armando Salles Oliveira. O mito retomava alguns de seus argumentos para explicar a prisão de vários integralistas em 1938, logo após a tentativa de um golpe pelos "camisas verdes" liderados por Plínio Salgado: a repressão aos integralistas era explicada como uma demonstração "*do poder oculto* del Kahal", uma manobra do Judaísmo aliado às lojas maçônicas[20].

O perigo semita entra em cena novamente, travestido de modernidade e interpretado sob o prisma do capitalismo enquanto sistema econômico destruidor da Humanidade. Em algumas publicações que circularam no Brasil dos anos 1930, a leitura dos *Protocolos* era aconselhada, particularmente, aos bancários classificados de "pobres

---

20. Gustavo Barroso, *Roosevelt, es Judio*, tradução de Mario Buzatto e introdução de Hector de Herze, Buenos Aires, La Mazorca, 1938 (Cuadernos Antijudíos).

trabalhadores dos bancos". O perigo judaico ou semita é animalizado ao ser apresentado como um "monstro de sete cabeças" que quer tragar o povo. Estas imagens satisfaziam (e ainda satisfazem) as mentes fantasiosas dos leitores das obras antissemitas que não precisam ver para acreditar. Essas metáforas facilitam a circulação do mito, sendo destiladas por cartunistas, caricaturistas e literatos que, através de imagens e textos literários, transformam os judeus em monstros, répteis venenosos, hidras de muitas cabeças, aranhas, polvos e serpentes.

De forma gradual e sutilmente, as mentes vão sendo forjadas, ao longo dos séculos, pela introdução de personagens que amedrontam, instigando o ódio e a repulsa ao povo judeu. Em 1934, uma edição popular dos *Protocolos* foi publicada na França sob o título de *Le Péril Juif*, cuja capa traz um velho judeu que, com as unhas cravadas no globo terrestre, arranca sangue do mundo. Na base desta imagem, aparecem corpos sobre corpos, massacrados pela ganância judaica. Essa mesma narrativa icônica inspirou a capa de *O Antissemitismo de Hitler... E o Julgamento Apressado de Alguns Escritores Brasileiros*, de Brasilino de Carvalho, editado na Bahia em 1934[21]. A maioria destas imagens procuram expressar a ganância

---

21. *Le Péril Juif: Les Protocoles des Sages de Sion*, Paris, Les Nouvelles Editions Nationales, 1934; Brasilino de Carvalho, *O Antissemitismo de Hitler...E o Julgamento Apressado de Alguns Escritores Brasileiros*, Bahia, s.e., 1934.

17. G.A.G. autor da imagem diabolizada dos judeus que ilustra a capa do livro *Os Judeus do Cinema*, de Oswaldo Gouveia. Rio de Janeiro, 1935.

e o domínio da economia pelos judeus através de um saco marcado com um cifrão ou recheado de moedas que se espalham pelo chão, herança da legendária figura de Judas.

18. Autor não identificado. Imagem estigmatizada do judeu representado como comunista, sanguinário e ganancioso. Capa do livro *O Antissemitismo de Hitler*, de Brasilino de Carvalho, Bahia, 1934.

Em algumas publicações, o artista/caricaturista procura atribuir uma identidade judaica ao personagem "ganancioso" que, naquele contexto, pretende dominar, explorar o próximo e controlar o mundo: aplica um candelabro dourado de sete braços (Menorah) ou uma estrela de davi, apela para vestimentas pretas comumente usadas por judeus ortodoxos, colocando-os, na maioria das vezes, diante da imagem de um globo terrestre. Os vocábulos aplicados sobre as capas ou empregados nos títulos dos capítulos reforçam a ideia do pretenso domínio judaico: liberalismo, autonomia, leis, ouro, política, fé, poder, comércio, crises, religiões etc. No texto principal destas obras, tornou-se corriqueiro afirmar que a ação dos judeus para dominar o mundo é conduzida segundo o Talmud, definido como "código de bandidos". O integralista Gustavo Barroso, por exemplo, parafraseando o pensamento do autor francês I. Bertrand, afirma no seu prefácio "O Talmud e os Judeus", que por meio desse guia religioso e moral dos judeus, o não-judeu (o *goy*) poderia compreender os desejos e a ação disfarçada do judaísmo. Essa argumentação de Barroso estrutura-se a partir de vários excertos recortados (e descontextualizados) do Talmud através dos quais procura demonstrar a "infâmia dum povo parasitário que se rege por um código dessa ordem". Acusa o judaísmo de torpe, usurário, ladrão e assassinos dos povos, proclamando a autenticidade dos *Protocolos*[22].

Barroso retoma esta acusação – de que os judeus dominam a economia mundial – em sua obra *Sinagoga Paulista*, publicada em 1937, em pleno Estado Novo. A proposta é provar que São Paulo estava sendo dominada por uma "sinagoga de judaizados, judaizantes e banqueiros judeus". Explorando esta trama – já havia sido denunciada por Henry Ford em *Judeu Internacional* – afirma que os "responsáveis ocultos" levaram a economia cafeeira à ruína e empobreceram o país. Citando nomes de importantes famílias brasileiras, o autor acusa-as de servirem à hábil manobra dos judeus que mobilizam homens e assalariados por meio da prática de subornos e outros meios ilícitos. Reproduzindo frases de efeito inspiradas nos *Protocolos*, Barroso afirma que o judaísmo interno [no Brasil] estava ligado ao judaísmo internacional, representado pela alta finança londrina e que a queda do café teria sido simulada pela *Sinagoga Paulista* apoiada pelo governo. Ambos estariam usufruindo de lucros altíssimos, desmoralizando o mercado do café[23].

---

22. I. Bertrand, *Maçonaria, Seita Judaica: Suas Origens, Sagacidade e Finalidade Anticristãs*, 1. ed. 1903, trad. e prefácio de Gustavo Barroso, São Paulo, Minerva, 1938, pp. 5-9.
23. Gustavo Barroso, *A Sinagoga Paulista*, 3. ed., Rio de Janeiro, ABC, 1937, pp. 132, 135 e 155.

19. *Brasil, Colônia de Banqueiros*, de Gustavo Barroso. Rio de Janeiro, 1934. Capa.

Nas reuniões da Academia Brasileira de Letras, o acadêmico Gustavo Barroso (que era também diretor do Museu Nacional do Rio do Janeiro) atacava, euforicamente, os israelitas, denominando-os de "lixo humano". E na primeira página de *A Ofensiva*, jornal integralista, denunciou como "judeu" o impulso do empresário e economista Roberto Simonsen[24]. Na reedição comemorativa para o centenário de Gustavo Barroso em 1991, a Editora Revisão de Porto Alegre assim definiu o integralista: aquele que "pôs a nu a nefasta ação do judaísmo financeiro no país". Nesta publicação, o mito de que os judeus dominam a economia mundial foi atualizado por Siegfried Ellwanger Castan (1928--2010), editor e escritor revisionista brasileiro, condenado por crime de racismo em 1996, pelos desembargadores da 3ª Câmara Criminal do Tribunal de Justiça do Estado do Rio Grande do Sul. Neste livro, Ellwanger Castan atualizou o mito, responsabilizando os judeus pela formação de cartéis, dentre outras acusações[25].

Em 1935, a figura estigmatizada do judeu reapareceu em um magistral desenho do caricaturista conhecido como Belmonte, pseudônimo de Benedito Carneiro de

---

24. Verbete "Gustavo Barroso", em *Dicionário Histórico-Biográfico Brasileiro*, Coord. Israel Beloch e Alzira Alves de Abreu, Rio de Janeiro, Forense Universitária, CPDOC/FGV, Finep, 1985, vol. I, pp. 336-337.

25. *Os Protocolos dos Sábios de Sião,* Coleção Comemorativa do Centenário de Gustavo Barroso, Porto Alegre, Revisão, 1989, p. 17 (1ª reedição 1991).

Bastos Barreto (1896-1947). Em sua obra *Ideias de Ninguém*, publicada em 1935, o paulista Belmonte reafirma a figura sinistra do judeu que, sentado sobre um saco de moedas, assemelha-se a um morcego cujas garras não negam suas intenções[26]. Este livrinho reúne algumas das crônicas e imagens publicadas pelo chargista na *Folha da Noite*, em 1933 e 1934, acompanhadas de um breve histórico. Apesar do autor afirmar que tinha o "objetivo altruístico de distrair os seus possíveis leitores, com comentários alegres em torno de episódios sérios que teriam ficado sepultos na vala comum das coleções de jornais", ele não foi muito feliz. Referindo-se à "invasão" pacífica do antissemitismo nazista na França, Belmonte cita frases do escritor Clement Vautel, que afirmava também que "os judeus estão fomentando a guerra e que, quando esta explodir, eles exclamarão: – "Aux armes, Français, allez delivrer nos frères!"

Belmonte acreditava que, onde "existisse um 'semitismo' – não como denominação racial, mas como expressão política que é – deveria haver, fatalmente, inexoravelmente um antissemitismo", pois "toda ação provoca reação".

Em todo o caso, o certo é que a campanha contra os judeus, iniciada na França, é um dos acontecimentos

---

26. Belmonte [Benedito Carneiro Bastos Barreto], *Ideias de Ninguém*, Rio de Janeiro, Livraria José Olympio Editora, 1935. Versão para e-book eBooksBrasil, Fonte Digital.

mais desnorteantes deste desnorteante ciclo de confu-
sões. Em seguida comenta:

Mas o mais complicado nisso tudo é que os judeus da França não são apenas os fugitivos da Alemanha. São milhões. E
não vegetam melancolicamente nos "ghettos". Dominam. Tanto que o deputado Fougère enviou à mesa uma indicação sobre
o caso, na qual se leem estas observações estuporantes: "[...]
eles (os judeus), num propósito contrário aos interesses do país
e da paz exercem influência sobre a direção da política exterior
da França e desorientam a opinião pública com as suas propagandas e campanhas de imprensa.

O que vem dar razão ao articulista da *Revue Critique*, o qual
declarou: "A imprensa que eles dominam, e o cinema que eles
controlam, convidam-nos ao sacrifício". O "Lu", de onde ex-
traímos essas notas, não está de acordo com tudo isso e chama
essa campanha de "invasão" pacífica do antissemitismo nazista[27].

Ainda hoje, é comum ouvirmos a acusação de que
uma minoria judaica domina o setor bancário brasileiro, esquecendo-se de que existem outras potências ban-
cárias cujos proprietários são católicos. Existem bancos
onde os proprietários são judeus? Sim. Mas quem são
os "outros"? A versão que persiste é sempre generalizada, tentando passar a ideia de que convivemos com uma

---

27. *Idem.*

"judeocracia na democracia". Aqui está o fato: o mito mente, aproveitando-se da verossimilhança atribuída a uma realidade portadora de uma aparência (probabilidade de verdade). Enfim, para o mito tudo é possível e tais acusações não são exemplos dos tempos medievais: estão por aí, na boca dos desinformados, presas fáceis e passíveis de manipulação.

20. Belmonte. *O Perigo Mysterioso...* Desenho reproduzido de sua obra *Ideias de Ninguém*, Rio de Janeiro, 1935.

MITO 4

Não Existem Judeus Pobres

*O mito diz que não existem judeus pobres.
As narrativas insistem no fato de que a
maioria é rica, avarenta e gananciosa,
relacionando sua cobiça à figura
legendária do usurário judeu, personificado
popularmente na figura de Judas, o
"apóstolo traidor" que vendeu Jesus por
trinta moedas de prata. A informação
omitida pelos promotores deste mito é a
de que sempre existiram (e ainda existem)
judeus pobres, judeus de classe média e
judeus ricos, assim como existem católicos,
protestantes, muçulmanos e evangélicos, em
diferentes posições econômicas e sociais.
A falta de informação favorece a proliferação
do mito que, repetido, "nos faz ver o que nos
é dito". Sendo assim, a ignorância é condição
ideal para a gestação dos mitos racistas.*

Valendo-me aqui de uma metáfora, reafirmo a minha crença na educação enquanto estratégia para combater os mitos: a ignorância é a chocadeira, um ninho quente procurado pela serpente que ali desova o ódio e a intolerância. No entanto, a imagem que persiste no século XXI é a do judeu rico. Geralmente os adeptos desta versão ignoram as circunstâncias históricas que forçaram os judeus a trabalhar com dinheiro. Este tema é amplamente abordado no livro *Os Judeus, o Dinheiro e o Mundo*, recentemente publicado pelo argelino Jacques Attali[1]. Ciente do perigo das generalizações, procurarei contextualizar – do ponto de vista histórico e sob o viés dos mitos políticos – a alegada "posição privilegiada" que, geralmente, exclui o judeu da categoria dos "pobres". Recuando

---

1. Jacques Attali, *op. cit.*

até o Império Romano, principalmente entre 135 e 425, constataremos que, tanto na Diáspora como na Palestina, os judeus sempre tiveram profissões e ofícios diversificados, trabalhando como comerciantes, agricultores, artesãos. Estavam em todos os estratos da sociedade e, segundo Marcel Simon em sua obra *Verus Israel* (1948), a população judaica comportava "uma grande maioria de gente de pequena renda..."[2] As estimativas indicam que, naquela época, cerca de um milhão de judeus habitavam a Palestina e três a quatro milhões viviam na Diáspora, dispersos desde a Ásia Menor até a Espanha, representando 7 a 8% da população total do Império Romano[3].

Até o século IV, eram reconhecidos como cidadãos romanos e gozavam de privilégios concedidos pelos imperadores pagãos, como, por exemplo: tinham autorização para manter suas sinagogas enquanto espaço dedicado às suas organizações de culto. No entanto, esta situação foi sendo alterada e a comunidade judaica foi, por influência eclesiástica sobre a legislação romana, perdendo seus privilégios e segurança. Estas mudanças podem ser constatadas através das leis criadas sob os imperadores cristãos desde 312, reunidas no

---

2. Marcel Simon, *Verus Israel*, Paris, 1948, p. 241, *apud* Léon Poliakov, *De Cristo aos Judeus da Corte*, *op. cit.*

3. Léon Poliakov, *De Cristo aos Judeus da Corte, op. cit.*, p. 5.

Código de Teodósio (Codex Theodosianus). Neste ano, o cristianismo foi legalizado, tornando-se um grande aliado dos imperadores romanos, razão pela qual o século IV é interpretado como um marco na história das relações judaico-cristãs. A partir deste momento, a situação dos judeus no Império Romano foi sendo alterada como resultado da propaganda cristã liderada por padres cristãos e por fanáticos religiosos. Ao longo de um século, os judeus passaram da prosperidade do mundo clássico à pobreza do gueto medieval, "da cidadania privilegiada passaram à condição de pária", conseguindo com muitas dificuldades reaver seus direitos de cidadania, segundo análise do historiador James Everett Seaver[4].

Durante a era nazista, persistiu na propaganda oficial difundida pelo Estado a acusação de que os judeus eram culpados pelos males que atingiam a nação. Difundia-se o ódio ao afirmar que todos os banqueiros internacionais eram judeus ou então, se ricos, andavam vestidos como pobres, para assim enganar a todos. Exemplo desta distorção é a imagem assinada pelo caricaturista alemão Fips, pseudônimo de Philipp Rupprecht, o mesmo ilustrador do *Der Giftpilz* (*O Cogumelo Venenoso*, de autoria de Ernst Ludwig Hie-

---

4. James Everett Seaver, *The Persecution of the Jews in the Roman Empire (300-428)*, Lawrence, Kansas, University of Kansas, 1952, pp. 4-5.

mer). No canto superior esquerdo está o logo do jornal *Der Stümer* que traz a seguinte mensagem: "Sem uma solução para a questão judaica, não haverá salvação para a humanidade".

21. Fips, pseudônimo de Philipp Rupprecht. Caricatura colorida "Você o Conhece?", Alemanha, 1933-1939.

22. Autor não identificado. "Social Democracia, no Espelho da Verdade", caricatura publicada pela revista *Kikeriki*. Viena, Áustria, 1920.

Neste contexto, cabe citar o importante romance – publicado em 1930 – *Judeus sem Dinheiro*, obra autobiográfica do americano Michael Gold, pseudônimo de Itzok Isaac Granich (1894-1967), cujos pais emigraram para os EUA fugindo dos *pogroms* e em busca do sonho americano. Certamente este título renderia muitas gargalhadas, caso o livro caísse nas mãos de um oficial nazista. O relato de Gold, quase poético, deve ser interpretado como um libelo contra a pobreza judaica vivenciada durante a sua infância em um bairro pobre de Nova York, na virada do século xx. Sua visão de mundo era universal, assim como *Judeus sem Dinheiro* é uma obra atemporal contra a discriminação a qualquer povo. Segundo Gold, "os judeus vivem há séculos num gueto universal", acrescentou na reedição de 1935[5].

A narrativa de Michael Gold permite reencontrarmos milhares de outros personagens que, assim como os judeus pobres de Nova York, reconstruíram suas vidas nas Américas. Estas trajetórias nos remetem à história de vida de Jacob Gorender (1923-2013), comunista, judeu, filho de imigrantes russos, nascido em Salvador (Bahia, Brasil). Em entrevista publicada pela revista *Teoria e Debate*, Gorender conta que nasceu de uma família judia, muito pobre, da categoria dos *judeus sem dinheiro*, de Michael Gold. Assim disse Gorender:

---

5. Michael Gold, *Judeus sem Dinheiro*, Rio de Janeiro, Record, 1982.

Meus pais vieram do antigo Império Russo. Meu pai, da Ucrânia. Minha mãe, da Bessarábia. Meu pai morou um tempo em Odessa, onde viveu os acontecimentos formidáveis de 1905. Estava no cais do porto, quando ali ancorou o encouraçado Potemkim. No mesmo ano ele lutou, de armas na mão, ao lado de revolucionários russos, contra os bandos de reacionários que pretendiam massacrar os judeus. Depois, com o fracasso da Revolução de 1905, com os *pogroms* e toda a repressão terrível que se desencadeou, ele se incorporou à grande vaga judaica que saiu da Rússia. Afinal, Nathan Gorender veio ter a Salvador. Ali se fixou e se casou com minha mãe, Anna, que chegou mais tarde. Os cinco filhos e meus pais pertenciam àquela categoria dos *judeus sem dinheiro* descritos num romance de Michael Gold, célebre nos anos 30. Morávamos em cortiços e, às vezes, tínhamos dificuldades sérias até para atender as necessidades elementares, como alimentação e roupa. Isso marcou minha mentalidade em formação[6].

A maior população judaica concentra-se em Israel que, neste ano de 2019, conta com aproximadamente 6.4 milhõesde judeus israelenses de diferentes etnias, seguida pelas comunidades judaicas concentradas nos Estados Unidos (5,7 milhões), França (475.000), Cana-

---

6. Paulo de Tarso Venceslau; Alipio Freire, entrevista "Jacob Gorender", em *Revista Teoria e Debate*, edição 11, 1 julho 1990. Disponível em: http://www.teoriaedebate.org.br/materias/nacional/jacob-gorender#sthash.J9JPmPlg.dpuf.

dá (355.000), Reino Unido (290.000), Rússia (186.000), Alemanha (118.000) e Brasil (107.329), dentre outros países[7]. Entre estes, existem milhares de judeus pobres e abaixo da pobreza, cujos números são ignorados ou totalmente desconhecidos da população em geral de qualquer país onde existem comunidades judaicas. Tais desigualdades persistem como consequências das crises econômicas, da corrupção e da ausência de políticas públicas direcionadas para o bem-estar do cidadão. Nos Estados Unidos, segundo Jacques Attali,

[...] quatro quintos dos judeus vivem agora em Nova York, Chicago e Los Angeles. Embora um quarto da população judaica americana ainda pertença ao operariado, os originários da Alemanha passam da indústria têxtil aos bancos, abandonando os outros ofícios aos mais recentes emigrados do Leste, os quais logo passam do estatuto de operários ao de advogados, ou da condição de sucateiros à de comerciantes; 60% trabalham agora no comércio e 17% nas profissões liberais[8].

Situações como estas, comuns neste século XXI, favorecem as polarizações econômicas que atingem ju-

---

7. Dados divulgados em 2018 pelo Escritório de Estatísticas, organismo estatal em cooperação com o Centro de Estudos do Judaísmo Contemporâneo da Universidade Hebraica de Jerusalém. Total de judeus no mundo: 14,5 milhões de judeus no mundo; Joanne O'Brien; Martin Palme, *Atlas das Religiões*, São Paulo, Publifolha, 2009;

8. Jacques Attali, *op. cit.*, pp. 497-498.

deus e não judeus. Talvez o caso dos judeus não tenha tanta visibilidade pois a própria comunidade acolhe, na medida do possível, os necessitados, praticando o *tsedaká* (do hebraico *tsedek*), conceito que integra a tradição judaica. *Tsedaká* é um ato de generosidade, de justiça e retidão, e que investe contra as diferenças econômicas e sociais severamente censuradas pelo judaísmo. Mesmo assim, elas existem em todas as partes do mundo. Partindo de situações reais: no Estado de Israel, por exemplo, existiam 1.674.800 judeus pobres, dentre os quais 774 000 eram crianças, segundo Relatório de Segurança Nacional divulgado pelo Ministro da Previdência Social em fevereiro de 2007. Um ano depois, registrou-se uma queda no nível de pobreza da população local que passou para 1.630.400[9].

Hoje, parte da população judaica da América Latina, principalmente, vive situações difíceis e enfrenta a pobreza, mal tendo como alimentar-se, apesar das ações de solidariedade praticadas por suas comunidades. Grande número dos judeus pobres emergentes são jovens desempregados e ex-comerciantes falidos que se juntaram aos aposentados, idosos e doentes, por não terem condições de se autossustentar. Pedem

---

9. Vitor Carvalho Ferolla, "Existem Judeus Pobres", em *Israel Today New*. www.thegreatcommandment.com/2008/existem-judeus-pobres.html.

ajuda às sinagogas e instituições beneficentes que, por tradição, os acolhem. Mesmo porque a responsabilidade pelo sustento e educação dos pobres e dos órfãos consta do Talmud, entre os três princípios básicos da vida, além da caridade e da prática de boas ações.

Em São Paulo, por exemplo, a comunidade judaica carente é atendida pela Sociedade Beneficente Israelita TenYad, no bairro do Bom Retiro, que lhes oferece alimentação, roupa e lazer, além de creche e berçário como suporte para as mães; e pela Unibes – União Brasileiro-Israelita do Bem Estar Social, criada em 1976, a partir da fusão da EZRA, Policlínicas e Ofidas. Tem suas raízes no ano de 1915 por ocasião da fundação da Sociedade Beneficente das Damas Israelitas, seguida, um ano depois, pela Sociedade Beneficente Amigos dos Pobres Ezra, direcionada para o atendimento aos imigrantes judeus pobres provenientes das aldeias (*shtetlech*) da Europa Oriental (Polônia, Rússia ou Bielorrússia) antes da Segunda Guerra Mundial. Em 1924, a EZRA fundiu-se com a Sociedade Pró-Imigrante tornando-se Sociedade Beneficente Israelita EZRA, com um amplo programa de atendimento aos necessitados.

Assim, através da história da imigração e das instituições é possível conhecer detalhes sobre o perfil econômico e social dos imigrantes judeus que começaram a entrar no Brasil desde a Abertura dos Portos às Nações Amigas em 1810. Através das Fichas de Imigração constataremos que a maioria dos judeus pioneiros que vieram para o Brasil eram pobres camponeses provenientes das aldeias do Leste Europeu e que, com muitas dificuldades, conseguiram reconstituir suas vidas com a ajuda das comunidades de acolhimento. Em Buenos Aires – que abriga hoje a primeira e mais importante comunidade judaica da América Latina, seguida pelo Brasil – grande parte da assistência social aos judeus desamparados é prestada pela Aliança Solidária, pela Fundação Tzedaká e pelo Templo Emanuel, que lhes fornecem abrigo, medicamentos, alimentação e bolsas de estudos para as crianças judias. O Chabad Lubavitch da Argentina, por exemplo, mantinha, em 2002, cerca de trezentas crianças judias órfãs enviadas pelo Juizado de Menores.

Um importante estudo publicado por Bernardo Kliksberg – Assessor da ONU e Presidente da Comissão do Desenvolvimento Humano do Congresso Judaico Latino-Americano – demonstra que, na Argentina, o processo de pauperização alcançou níveis altíssimos, estimando-se que, em 2002, cerca de 50 000 judeus já viviam abaixo do nível de pobreza. Grande parte pertencia às faixas média e baixa da classe média que, desde os anos de 1990, vinha sendo abalada pela crise econômica que atingia o país. Muitos eram comerciantes, que, com o aumento de *shoppings*, magazines, supermercados e a livre entrada de produtos importados por baixos preços, foram obrigados a decretar falência[10].

---

10. Bernardo Kliksberg, "A Comunidade Judaica da Argentina em Perigo", em *Morashá*, edição 36, março de 2002. Link: www.morashá. com.br/conteudo/ed36/com_argentina.htm. Consultado em 5.7.2013.

MITO 5

Os Judeus São Avarentos

O mito diz que todos os judeus são avarentos, sinônimo de pão-duro e sovina, na gíria popular. O sentido que se quer dar é de que os judeus são perversos, maus, indiferentes ao sofrimento alheio, pensando apenas no seu bem-estar. Por isso, explicam os antissemitas, eles são ricos ou, no sentido contrário, vivem miseravelmente, para não gastar os lucros que ganham às custas do Outro. No entanto, como todos os mitos, as raízes são muito mais profundas, extrapolando o tom de zombaria e do humor sem consequências. Tais acusações serviram à propaganda política articulada, em diferentes lugares e momentos históricos, para difamar os judeus dispersos durante a Diáspora.

Tanto o discurso da Igreja Católica como as teorias políticas renascentistas serviram à construção do mito de que "todos os judeus são avarentos e maus". São estas as fontes que irão alimentar a literatura da era elizabetana produzida, neste caso, por Christopher Marlowe, William Shakespeare e Charles Dickens, dentre outros[1]. Christopher Marlowe (1564--1593) criou o personagem Barrabás em sua peça *O Judeu de Malta*, produzida entre 1589 e 1590, que segue à risca os métodos propostos por Maquiavel: "não importam os meios para se atingir os fins". Barrabás, um rico comerciante judeu, é apresentado como um pervertido, interesseiro, frio e sem afeto, cujo perfil foi

---

1. Ver a detalhada análise de autoria de Celi Barbosa dos Santos; Silvio Ruiz Paradiso, "A Imagem do Judeu na Literatura Britânica: Shylock, Barrabás e Gafin", em *Diálogos & Saberes*, Mandaguari, vol. 8, n. 1, 2012, pp. 213-231.

construído a partir de versões veiculadas pelo clero católico, por autoridades estatais e pelo povo. Segundo do Silvio Luiz Paradiso, estudioso desta produção literária, Barrabás desponta como um ser demoníaco, corrupto, maquiavélico e perverso, "que ao mesmo tempo dedica a sua vida à acumulação material do ouro, ao roubo, a práticas de fornicação etc."[2]

Através da fala de alguns personagens criados por Marlowe é possível desvendar como vive e quem é Barrabás. O judeu de Malta é assim descrito por Ithamore, escravo de Barrabás:

[...] come insetos em conserva e cogumelos ao molho; nunca vestiu camisa limpa desde o dia de sua circuncisão; o chapéu que usa, Judas o deixou quando enforcou-se; maltratar um judeu é uma caridade, não um pecado.

No Ato v, Cena 2, o autor Marlowe dá voz a Barrabás que confessa:

E assim correm os negócios; E eu, sem amar nenhum, viverei com ambos; Tirando proveito da minha política; E aquele que mais vantagens oferecer será meu amigo; Esta é a vida que

---

2. S. R. Paradiso. "Shakespeare: Antissemita? A Imagem do Judeu em *O Mercador de Veneza*", em *Revista Cesumar*, Ciências Humanas e Sociais Aplicadas, Maringá, vol. 13, n. 1, 2008, p. 115.

nós, judeus, costumamos levar; e com razão, pois os cristãos fazem o mesmo[3].

O perfil avarento de Barrabás reaparece no Ato II, Cena 3, durante a compra de um escravo, quando Barrabás descreve o produto que necessita: "Preciso de um com aspecto doentio, ainda que apenas para economizar na alimentação". Sarcasmo, hipocrisia, ironia e mentira são elementos que se prestam para construir a imagem da crueldade que exala de Barrabás, que despreza o Outro a ponto de dizer:

> Aprendi em Florença a beijar minha própria mão, a encolher-me de ombros quando me chamam de cão e abaixar a cabeça como um frade descalço, à espera de vê-los morrer de fome na rua ou de cuspir no prato de coleta quando, na sinagoga, me pedem uma caridade[4].

Um conjunto de juízos de valor expostos por Marlowe irão inspirar uma das mais complexas comédias

---

3. Christopher Marlowe, "Ato IV, Cena 4", *apud* Celi Barbosa dos Santos; Silvio Ruiz Paradiso, *op. cit.*, p. 224.

4. Christopher Marlowe, *O Judeu de Malta*, trad. de Júlio César Santoyo, Madrid, Cátedra, p. 131, *apud* Maria Eneida Matos da Rosa, "A Estética da Crueldade em *O Judeu de Malta*". Disponível: http://www. pucrs.br/edipucrs/online/vsemanaletras/Artigos%20e%20Notas_PDF/Maria%20Eneida%20Matos%20da%20Rosa.pdf. Consultado em 02.09.2013.

de Shakespeare, *O Mercador de Veneza* (1596), cuja narrativa retoma um conjunto de estereótipos antissemitas herdados das imposições sustentadas pela Igreja Católica desde a Idade Média. Apenas como lembrete: durante a Idade Média, era considerado pecado ou crime de heresia quando os cristãos emprestavam dinheiro com fins lucrativos, ou seja, com cobrança de juros. No final do século XVI, tais exigências atingiram várias cidades italianas, dentre as quais a cidade de Veneza, cujo comércio girava em torno da circulação de mercadorias exóticas trazidas de além-mar. Coube, então, aos judeus o empréstimo de dinheiro com a cobrança de juros, atividade que fortaleceu a imagem de que eram usurários e exploradores do próximo (leia-se cristão).

Assim, considero impossível discutir a peça *O Mercador de Veneza* sem analisar o antissemitismo através das ações do personagem Shylock, um agiota judeu que é desumanizado ao ser comparado com as figuras de um "cão ordinário" e do diabo. O dinheiro e a usura reaparecem através da alma perversa e mesquinha deste mercador que, além de ser atacado por sua "raça pagã", carrega consigo a responsabilidade de que "os judeus mataram Cristo". Durante as várias apresentações da peça o personagem Shylock não conseguiu se desvencilhar do perfil ameaçador trazido pelo estigma de ser ele um "judeu asqueroso" e "mesquinho".

Retomamos aqui a estética da crueldade reencenada nos palcos e aplaudida pelos mais diferentes públicos: da aristocracia europeia da Idade Moderna à aristocracia ariana alemã do Terceiro Reich. Inúmeros são os registros sobre o *Mercador de Veneza*, reabilitado pela propaganda da Alemanha nazista. Como é de imaginar, Goebbels não perdeu a oportunidade de usar o texto de Shakespeare para instigar o ódio aos judeus alemães, estigmatizados também através da charge, da fotografia e do cinema. Com algumas alterações na parte final do texto original, o mito do "judeu mesquinho e avarento" foi encenado em cerca de cinquenta montagens diferentes apresentadas na Alemanha entre 1933 e 1945. Após esta data, a divulgação das atrocidades genocidas cometidas pelos nazistas e países colaboracionistas inibiu qualquer encenação da peça.

Este tema foi trazido para a atualidade do século XX e XXI através do cinema que retomou *O Mercador de Veneza*. Duas versões foram realizadas nos Estados Unidos em 1908 e 1912 e uma outra na Itália em 1910 (*Il Mercante di Venezia*). Em 1923, o "mercador judeu" foi filmado na Alemanha (*Der Kaufman von Venedig*), tendo Werner Krauss no papel de Shylock, o mesmo ator que, em 1943, irá representar o *Judeu Süss*, um dos filmes antissemitas produzidos pelo Terceiro Reich. No século XXI, *O Mercador de Veneza* reaparece no filme dirigido por Michael Radford, cineasta indiano radicado em Londres. Ao fazer uma releitura da obra homônima de William Shakespeare, depois do Holocausto, o diretor nos instiga a refletir sobre os males da intolerância e a persistência do ódio contra os judeus. O personagem Shylock – encenado por Al Pacino – é redimensionado pelo cineasta que denuncia a hipocrisia da sociedade cristã que, durante séculos, desprezou os judeus e ajudou a fortalecer o mito de que eles são avarentos a ponto de exigirem "sua libra de carne como quem cobra por séculos de perseguição e segregação"[5].

Esta é uma versão que tenta sufocar o mito de que os judeus são avarentos e asquerosos, servindo como profilaxia para a escalada do ódio. O cinema desponta, neste momento, como um libelo contra o antissemitismo secular que culminou com o Holocausto. Al Pacino valoriza, através da sua magnífica representação, a dignidade de "ser judeu" em uma Veneza sombria e cinzenta, além de mostrar Shylock como um praticante que respeita os valores do judaísmo. Segundo Anna Stegh Camati, em seu ensaio sobre este filme de Michael Radford, a gota de sangue que jorra do pescoço do animal sacrificado, apesar de ser uma imagem sutil,

---

5. Ver Anna Stegh Camati, "*O Mercador de Veneza*, de Michael Radford: Adaptação, Historicização e Interpolação", em Anelise Reich Corseuil *et al.* (orgs.), *Ensaios de Literatura: Teatro e Cinema*, Florianópolis, Fundação Cultural Badesc; Cultura Inglesa, 2013.

[...] é uma das mais significativas do filme: lembra a cera vermelha usada para selar o documento em que os termos do empréstimo que Shylock faz a Antônio estão explicitados, e reforça a ideia do sangramento, crucial para a derrota de Shylock perante a lei de Veneza. Mas a simbologia do sangramento transcende a obra e não deixa de ser uma alusão a outro sacrifício, o próprio Holocausto[6].

Esta imagem – a do judeu avarento – foi constantemente explorada pela propaganda política nazista, cuja intenção era disseminar o antissemitismo entre o povo alemão e de outros países. Tanto o cinema como a fotografia e os *cartoons* serviram para retratar os judeus como seres sub-humanos e exploradores dos povos. Infiltrados como "ratos" em meio à sociedade ariana, os judeus emergem como parasitas ambulantes, "consumidos pelo sexo, pela ganância e pelo dinheiro". Este é o tom dado por Fritz Hipller, no filme *O Judeu Eterno*, de 1940, cuja imagem estereotipada proliferou pelos espaços públicos da Alemanha, Áustria, principalmente.

A caricatura, por sua essência crítica, panfletária e contestatória, deve também ser considerada como instrumento propulsor dos mitos antissemitas. Em 1855, Charles Baudelaire publicou seu texto "De l'essence du

---

6. *Idem.*

MITO 5 | Os Judeus São Avarentos

23. Autor não identificado. Imagem do "Judeu Eterno" exposta na porta de entrada da estação ferroviária de Viena (Áustria), 2 de agosto de 1938.

rire…"[7]. É sob este aspecto – da representação e como prática artística – que retomo aqui o papel da caricatura, um gênero singular capaz de modelar as consciências e, ao mesmo tempo, expressar a mentalidade coletiva. É, exatamente, por sua perenidade que a caricatura foi retomada pelos antissemitas da Alemanha nazista e também neste século XXI, visto a capacidade que ela detém de doutrinar através do riso e da defor-

---

7. Charles Baudelaire, "De l'essence du rire et généralement du comique dans les arts plastiques" (1855), em Henri Lemaitre (ed.), *Curiosités Esthétiques*, Paris, Garnier, 1986, p. 241.

mação do real[8]. É com este sentido que cito as caricaturas publicadas pelo semanário nazista *Der Stürmer* (*O Tufão* ou *O Tempestuoso*) que, por seu papel doutrinário, deixaram fortes marcas no imaginário coletivo. Editado, com breves interrupções, por Julius Streicher desde 1923 até o fim da Segunda Guerra Mundial em 1945, o *Der Stürmer* foi um dos principais veículos de cunho panfletário contra os judeus, além de publicar textos pornográficos, anticlericais e anticapitalistas[9].

O mito do judeu avarento, explorador de crianças, trapaceiro, rico, sujo e agiota circulou também através dos livros infantis adotados nas escolas alemãs enquanto pedagogia do ódio. Dentre estes citamos *Der Giftpilz* (*O Cogumelo Venenoso*), de autoria de Ernst Ludwig Hiemer e ilustrado pelo cartunista alemão Fips (pseudônimo de Philipp Rupprecht), publicado por Julius Streicher em 1938. Fartamente ilustrado e colorido, este livro deixou

---

8. Bertrand Tillier, *À la Charge! La Caricature en France de 1789 à 2000*, Paris, Les Éditions de l'Amateur, 2005, pp. 12-13. Sobre a força dos mitos na Alemanha nazista ver François Perroux, *Os Mitos Hitleristas*, São Paulo, Companhia Editora Nacional, 1937.

9. Julius Streicher foi julgado e condenado pelo Tribunal de Nuremberg, após a guerra, por crime contra a humanidade e por seu papel no incitamento do ódio e por suas propostas genocidas. A produção do jornal *Der Stürmer* foi apresentada como a parte principal das evidências do seu antissemitismo e virulência contra vários outros grupos étnicos e políticos.

marcas nas mentes infantis, por seu teor virulento e antissemita. As imagens não são inocentes e as mensagens não são subliminares: induzem as crianças para o mal, reforçando, em suas mentes, estereótipos étnicos:

> Os judeus são pessoas más. São como cogumelos venenosos... Assim como os cogumelos venenosos provocam frequentes desgraças... O judeu causa miséria, doença e morte[10].

24. Fips, pseudônimo de Philipp Rupprecht, autor da imagem que ilustra o livro infantil alemão antissemita *Der Giftpilz* (*O Cogumelo Venenoso*), de autoria de Ernst Ludwig Hiemer. Nuremberg [Bavária], Alemanha, 1935.

---

10. Ernst Hiemer, *Der Giftpilz*, Nuremberg, Stürmerverlag, 1938. German Propaganda Archive.

As caricaturas e as receitas antissemitas

Os chargistas das Américas "importaram" dos impressos europeus do século xviii e xix alguns indícios básicos para representar o judeu ganancioso. Geralmente apresentam-no grandalhão, barrigudo e narigudo, gesticulando com as palmas das mãos abertas. Segundo John e Selma Appel, estudiosos dos *comics* da imigração na América, os "chargistas alemães acrescentaram os pés chatos, as pernas curvas e o gosto pelo alho…" Da mesma forma os chargistas americanos não partiram de imagens novas: os judeus aparecem sempre

> […] segundo as referências europeias e cristãs, sempre desfavoráveis ou hostis em relação aos judeus intrusos, cristocidas, estranhos ou representantes da nova e emergente sociedade capitalista baseada no intercâmbio impessoal de bens e dinheiro[11].

A partir do século xix, centenas de charges antissemitas foram produzidas nos Estados Unidos que, apesar de abrigar uma das maiores comunidades judaicas do mundo, não pouparam os judeus da zombaria ímpia. Como sabemos, o humor é uma arma diabólica, reveladora de variações de mentalidade ao

---

11. John Appel; Selma Appel, *Comics da Imigração na América*, trad. Sergio Roberto Souza, São Paulo, Perspectiva, 1994, pp. 127-128.

25. James Albert Wales, *Os Escravos dos Judeus*, 9 dezembro de 1882.

longo dos séculos. A liberdade de expressão, defendida pelos regimes democráticos, abriu um canal favorável para a proliferação dos mitos sobre os judeus que continuam a ser o alvo preferido da zombaria sarcástica dos antissemitas. Carregadas de ideologias, as charges incitam o ódio, aproveitando-se das fissuras culturais, da ignorância e das dúvidas que permitem a persistência dos estigmas. Acusados de escravizar seus empregados, os judeus são apresentados como exploradores do trabalho feminino, assim como de assédio sexual. A ilustração criada pelo artista James Albert Wales (1852-1886) mostra uma linha de mulheres em busca de emprego, diante de um judeu lascivo, enquanto três homens atrás de uma mesa observam o processo de seleção; três vinhetas complementam a narrativa descrevendo as condições degradantes para mulheres trabalhadoras.

No Brasil, a figura do judeu avarento encontrou interlocutores antissemitas na literatura e na caricatura em distintos tempos históricos e, mais especificamente, durante o Estado Novo, então presidido por Getúlio Vargas (1937-1945). Reproduziram a receita gráfica dos atributos físicos-vestuais daquele judeu caricato comumente representado nos impressos antissemitas europeus. As revistas ilustradas, dentre as quais *Careta*, *Cultura* e *Vamos Ler*, apelaram para os mesmos elementos simbólicos usados na Europa para identificar o judeu avarento, explorador do povo: sacos de dinheiro, chapéus e casacos negros, olhar e garras de ave de rapina[12].

Unindo a ideia estereotipada à imagem deturpada do judeu avarento e ganancioso, a caricatura reforçou junto à população brasileira atitudes de repulsa e desprezo pela figura do imigrante judeu. Estas formas de representação iam ao encontro do discurso oficial sustentado pelos órgãos de imigração e repressão, dentre os quais citamos o Ministério da Justiça e Negócios Interiores e o Ministério das Relações Exteriores. Em abril de 1938, por exemplo, Hildebrando Accioly, secretário geral do chanceler Oswaldo Aranha, classificou os judeus como *"inassimiláveis, inúteis à sociedade, destituídos de escrúpulos, sem pendor algum para a agricultura, além de constituírem-se em fatores de desintegração étnica e religiosa"*[13].

Mais recentemente, essa imagem estigmatizada do judeu avarento foi incorporada pelo ator brasileiro Marcos Plonka (1939-2011) que interpreta o sovina judeu Samuel Blaustein na Escolinha do Professor Raimundo, programa humorístico comandado

---

12. Maria Luiza Tucci Carneiro, *O Antissemitismo na Era Vargas*, 3. ed., *op. cit.*, pp. 323-360.
13. Argumentos citados por Hildebrando Accioly, secretário geral para Oswaldo Aranha, ministro das Relações Exteriores, Rio de Janeiro, 22.04.1938, pp. 3-4. *Ofícios Recebidos*, abr. 1938. AHI.

26. O "Faz Tudo", charge publicada na revista *Careta*, outubro 1936 [capa].

por Chico Anysio na TV Globo. Quem não se lembra do bordão que tornou-se uma marca registrada do "judeu avarento": "fazemos qualquer negócio!" Importante para a comunidade judaica mundial é reavaliar a apropriação que ela tem feito de expressões estigmatizadas como esta que, negativamente, interferem no imaginário coletivo. Zombar de si mesmo, considerando aqui que Marcos Plonska era de origem judaica, é como enterrar um "ferro no próprio peito". Muitas vezes, o riso carrega um tom amargo, favorecendo a transgressão dos tabus, ou seja: do direito de rir de tudo, incluindo da morte e do sagrado, como muito bem relatou Georges Minois em *História do Riso e do Escárnio*. Hoje, diante do poder alcançado pela mídia através das redes sociais e da internet, o riso pode transformar-se em um poderoso instrumento de manipulação das mentes: ele seduz, ao mesmo tempo que favorece a crença no absurdo e a admiração pelo grotesco. Enfim, o riso faz parte da vida assim como faz parte da sobrevivência dos mitos: "o humor está sempre nos calcanhares da dúvida, ou seja, é uma faca de dois gumes"[14].

A silhueta do judeu na caricatura brasileira assemelha-se, em muitos pontos e traços, à figura do "ju-

---

14. Georges Minois, *História do Riso e do Escárnio*, trad. Maria Elena O. Ortiz Assumpção, São Paulo, Editora Unesp, 2003, pp. 393, 632.

de 1 alemão" retratado em pôsteres e cartazes que circularam na Alemanha nazista dos anos 1930 e 1940. O mesmo casaco preto e largo, barbas longas sustentando a expressão de homem "explorador e mau", tendo nas mãos um saco de dinheiro, moedas de ouro e o mapa-múndi, por onde se estende seu poder. Ele sempre é um estrangeiro, homem de negócios, aproveitador de situações, ganancioso e, até mesmo, financiador de guerras, como enfatizam algumas charges americanas e alemãs.

MITO 6

Os Judeus Não Têm Pátria

O mito diz que os judeus não têm pátria, razão pela qual devem caminhar sempre, como errantes, sem território e sem Estado, sem direitos e sem história. Para cunhar esta identidade usa-se a expressão "Judeu Errante", com o objetivo de demonstrar que este ou aquele grupo (ou indivíduo) vive à margem da vida, simbolizando um perigo à segurança nacional ou aos valores estabelecidos. Enfim, qualquer um destes grupos pode ser de pecadores, hereges, criminosos, desvairados, terroristas, imperialistas etc.

A expressão de que os "judeus não têm pátria" ou de que "são eternos caminhantes" não se refere apenas ao passado: vem sendo, ao longo dos séculos, repetida e atualizada de acordo com os interesses de diferentes grupos sociais e políticos e servindo para justificar uma ou outra ideologia. A figura do *Judeu Errante* foi sendo reabilitada sob novas máscaras, pois o arquétipo favorece a promoção de discursos intolerantes que, adaptados à realidade por onde circulam, alimentam o ódio e a violência não apenas contra os judeus, mas também contra africanos. Considerando que nossas mentes são verdadeiros receptáculos de projeções mentais, tais imagens – por manterem estreitas verossimilhanças com a realidade – se adaptam, contribuindo para a perpetuação da mentira.

Entre os séculos xix e xx – quando o mito se transformou sob a influência do moderno antissemitismo – a figura polimorfa do *Judeu Errante* encontrou ressonâncias políticas e culturais, servindo para explicar os constantes deslocamentos e perseguições aos judeus identificados como o "povo da Diáspora"[1]. Repleta de significados, a proliferação desta lenda atendia (e ainda atende) também aos europeus interessados em fortalecer a sua identidade de povo estável e enraizado em um lugar específico, segundo análise de Galit Hansan-Rokem, professor da Universidade Hebraica de Jerusalém. Sob este ângulo, os judeus tornam-se alvos fáceis de acusações por escaparem do paradigma de povo estabelecido em um único território. Apesar da existência do Estado de Israel desde 1948, não se enquadram na estrutura idealizada de Estado-nação, conceito que expressa a imagem da Europa moderna, legitimada por uma ordem e identidade coletivas. Este não enquadramento os torna vulneráveis ao ódio, correspondendo ao "estranho sem pátria", eternos forasteiros[2].

---

1. Galit Hansan-Rokem, em *Le Juif Errant est Revenu*. Commissaire de l'exposition Laurence Sigal-Klagsbald, Musée d'Art et d'Histoire du Judaïsme, 2001; Bernadette Sauvaget, "Le Juif Errant est Revenu", em *La Vie*, n. 2931, 31 out. 2001. Disponível: http://www.lavie.fr/archives/2001/10/31/le-juif-errant-est-revenu,3789703.php.

2. Zigmun Bauman, *Life in Fragments: Essays in Postmodern Morality*, Oxford, Blackwell, 1995.

No século xx, a imagem do Judeu Errante reapareceu na figura do "passageiro apátrida", expulso e desumanizado pelo nacional-socialismo alemão. Já não tem mais o semblante daquela figura medieval-cristã, mas continua sendo o símbolo do desenraizado e a figura do Outro. Esta nova roupagem atenderá também aos antissionistas que, por repetição, sustentam que os judeus não têm direito de retornar ao seu território de origem (antiga Palestina) ou de ter uma pátria. Afirmações como estas têm servido para colocar em dúvida a legitimidade do Estado de Israel, demonstrando que avaliações simplistas ofuscam a interpretação dos fatos com valores maniqueístas. Neste contexto – da desrazão – o antissemitismo encontra campo para proliferar, comprometendo as negociações de paz no Oriente Médio, a imagem do Estado de Israel e dos judeus no mundo contemporâneo.

Na verdade, assim como todos os mitos, o Judeu Errante é uma construção literária que recebeu, ao longo dos séculos, múltiplas versões, somando-se ao mito de que "os judeus mataram Cristo". Atravessou centúrias e, entre os séculos XIII e XXI, sua figura somou elementos para a elaboração de novos conceitos a serviço da intolerância e do ódio sem limites. "*Judeu Errante*", "*homem desenraizado*", "*desterrado*", "*apátrida*" e "*cidadão do mundo*" são arquétipos que coexistem no imaginário coletivo e foram (e ainda são) inspiradores de romances, poesias, canções, filmes, livretos de cordel, melodramas, panfletos, desenhos, charges, esculturas, pinturas e atos de violência.

IMAGENS DO JUDEU ERRANTE

A partir da afirmação de que os judeus não têm pátria, é possível identificarmos vários personagens cujas imagens têm em comum a crença de que os judeus estariam condenados a errar pelo mundo, por terem negado água a Jesus e por não lhe terem permitido descansar a caminho do Calvário. Segundo os Evangelhos, Jesus – carregando a cruz às costas sob chicotadas da polícia romana – parou diante de um aguadeiro, sendo empurrado por um velho judeu que lhe ordenou que continuasse andando. Jesus o contestou dizendo: *"Eu seguirei, porém tu esperarás até que eu regresse"*. Em seguida, continuou sua caminhada até o Gólgota.

A figura do velho judeu que negou água a Jesus recebeu, ao longo dos séculos, diferentes nomes, dependendo do país por onde a sua estória circulou: Isaac Lequedem da tribo de Levi, Cartafilo ou Cartophilus, Buttadeus, Juan Espera-en-Dios, Melmoth, Matathias, Jerusalemin Suutari, Ahasvero, Aasvero e Assuero (transcrição hebraica do nome do rei persa Xerxes). Independente das variáveis dos nomes, este personagem – segundo a lenda – havia sido vítima da maldição divina, que o condenou a caminhar sempre: um caminhar eterno até o dia do Juízo Final quando, cumprindo as Escrituras, Jesus regressaria à Terra.

Para alguns estudiosos, como Schoebel e Gaston Paris[3], o Judeu Errante é Caim, aquele que, segundo a Bíblia, matou Abel e após o crime tornou-se "fugitivo e errante sobre a terra", usando uma placa na frente que o protege, pelo menos, da morte violenta: "E Caim, afastando-se da face do Senhor, andou errante sobre a face da terra, e habitou no país que está ao nascente do Éden" (Gênese, 4:16).

Dentre os vários contos populares recolhidos no Alcorão, um deles trata de um outro viajante incansável, samaritano, amaldiçoado por Moisés por ter feito o bezerro de ouro. Recolheu suas tendas de Israel e, desde aquela época, vaga pelo mundo como uma besta selvagem:

"[...] uma besta selvagem, a partir de um fim do mundo para o outro. Todo mundo foge e purifica o chão que seus pés pisaram, e ele próprio, quando se aproxima de um homem, chora constantemente: Não me toque!" Adverte seus compa-

---

3. Schoebel, *A Lenda do Judeu Errante*, Paris, 1877; Gaston Paris. *Le Juif Errant,* Première Etude. http://www.biblisem.net/etudes/parislje.htm. Consultado em 12.7.2013.

nheiros para ficar longe dele, pois, de acordo com as lendas posteriores, o contato dá febre. Seu movimento perpétuo o fez dar o nome de *al Kharaïti,* o "Turner". Marinheiros árabes transformaram o "velho judeu" em um monstro marinho com um rosto humano, com uma barba branca, que, às vezes, aparece ao anoitecer na superfície das ondas[4].

Esta lenda, segundo Gaston Paris, tem – por coincidência – muita semelhança com as lendas reunidas em torno da memória da Paixão de Cristo. A seu ver, a imaginação popular acrescentou novos episódios aos relatos dos Evangelhos envolvendo Judas, Pilatos, os dois ladrões, José de Arimateia, Berenice (Verônica), Longinus, o cego, dentre outros. A soma destes mitos serviu ao antijudaísmo cristão teológico, funcionando como uma espécie de "testemunho" para fortalecer a fé em Jesus Cristo e dar veracidade aos fatos narrados nos Evangelhos[5]. Inúmeras são as configurações mentais decorrentes dessas múltiplas narrativas que, ainda hoje, são projetadas na Europa, principalmente na Semana Santa, quando os católicos rememoram a Paixão de Cristo. Estas tensões mantêm, também, estreita relação com o fato dos judeus não reconhecerem o Messias em Cristo.

---

4. *Alcorão D'ante,* xx, v 89 e ss.; Graesse, p. 94; Schoebel, p. 57, *apud* Gaston de Bruno Paulin Paris, *Légendes du Moyen Age,* 4. ed., Paris, Hachette, 1912.

5. Gaston Paris, *op. cit.*

Caminhos percorridos pelo Judeu Errante

Retrocedendo até o século XIII, identificaremos uma das primeiras versões da lenda do Judeu Errante que, segundo a tradição oral, havia sido contada por um arcebispo da Grande Armênia por ocasião da sua visita ao mosteiro de Saint-Alban. Dizia ele que havia almoçado com José (ou Cartafilo), porteiro do pretório, que, por ter batido em Jesus, havia sido condenado a esperar a volta do Senhor. A cada cem anos, José caía em letargia, recuperando a aparência física de um jovem de 30 anos, sua idade nos tempos do martírio de Cristo a caminho do Calvário.

A lenda foi, através da repetição, se metamorfoseando até que, em 1223, um cronista de Bolonha escreveu que o Imperador Federico II ouviu da boca de um peregrino que, na Armênia, havia um judeu condenado por Nosso Senhor Jesus Cristo a ser um eterno caminhante. Em 1228, Roger de Wendover, historiador inglês, assegurava que José havia confessado que servira a Pôncio Pilatos, versão reafirmada na *Chronique Rimée*, de Philippe Mousket, bispo de Tournai, por volta de 1243[6]. Alguns anos depois, em

---

6. Lenda narrada em http://cronicasdeasgardh.blogspot.com.br/2006/05/o--judeu-errante.html.

1152, o monge beneditino e arcebispo Matthew Paris citou o mesmo fato em seu manuscrito ilustrado *Chronica Majora* 1240-1251, onde retrata o encontro do Judeu Errante com Cristo a caminho do Calvário. Há quem conteste que Cartafilo era romano e não judeu por ter sido empregado por Pilatos, como o medievalista Gaston de Bruno Paulin Paris (1839--1903), em *Légendes du Moyen Age*, em várias edições (1902, 1903, 1912, 1972)[8].

Os encontros com o Judeu Errante continuaram a acontecer, favorecidos pela dinâmica do mito que assumiu formas modernas a partir de um panfleto alemão que se espalhou por vários países da Europa, traduzido em vários idiomas: *Kurtze Beschreibung und Erzählung von einen Juden mit Namen Ahasverus*, de 9 junho de 1564. Através desta crônica, o autor (anônimo) garantia ter visto o Judeu Errante em Schleswig, descrevendo-o como "um homem alto e de cabelos longos, com as plantas dos pés calejadas e que falava um bom castelhano por ter vivido em Madri". Ainda mais: tinha mulher e filhos que o acompanhavam há muito tempo. Seu pecado: "ter ofendido o filho de Deus"; seu castigo: "caminhar sempre". Em 29 de ju-

---

7. Marcello Messenzio, *La Passion selon le Juif Errant*, traduit de l'italien par Patrice Cotensin, Paris, L'Echoppe, 2006.
8. Gaston de Bruno Paulin Paris, *op. cit.*

nho de 1564, Paul von Eitzen, doutor em teologia e bispo de Schleswig, afirmou ter encontrado o Judeu Errante em Hamburgo em 1542. A criatividade não parou por aqui: em 1575, o Judeu Errante foi novamente avistado na Espanha e na França (em Strasbourg e em Beauvais), inspirando produções artísticas que lhe darão forma e veracidade.

Segundo o historiador Marcello Massenzio, a figura estereotipada com o nome de *Ahasverus (Aasvero, Ahsvero* ou *Assuero,* o sapateiro de Jerusalém) surgiu em 1602, tendo como matriz a imagem reproduzida na *Chronica Majora*, de Matthew Paris. Foi reproduzida no panfleto apócrifo com o título de *Kurtze Beschreibung und Erzählung von einem Juden mit Namen Ahasverus* (*Um Breve Relato de um Judeu de Nome Ahasverus*), impresso em Leiden (Alemanha), em 1602, por um tal de Christoff Crutzer, possivelmente um pseudônimo. Em 1609, um outro panfleto foi publicado em Bordéus (França) – *Discours du Véritable Juif Errant* (*Discursos do Verdadeiro Judeu Errante*) – traduzido do panfleto alemão *Kurze Beschreibung und Erzählung*, de 1564. Chrysostomus Dudulaeus (pseudônimo) publicou a mesma lenda com o título de *Wunderbarlicher Bericht*. Não foi por acaso que o mito do Judeu Errante encontrou grande ressonância na Alemanha e na França, nações antissemitas por tradição.

Particularmente na França, durante a era napoleônica, a figura do Judeu Errante virou mania, mas sem perder a essência moral da lenda medieval cristã: em algumas décadas circularam cerca de dois milhões de gravuras populares que, adaptadas ao longo dos séculos, contribuíram para assombrar o imaginário coletivo. Conquistou também os folhetinistas, dentre os quais o francês Joseph Marie Eugène Sue (1804-1857), autor do primeiro romance-folhetim *Le Juif Errant* (1844-1845), inspirado na imagem criada por Gustave Doré (1832-1883)[9]. O escritor italiano Umberto Eco demonstra, no seu romance histórico *Cemitério de Praga*, como os *Protocolos dos Sábios do Sião*, que denunciavam um suposto complô judeu para dominar o mundo, se originaram de versões deturpadas de cenas dos romances *O Judeu Errante*, de Eugène Sue, e *Joseph Balsamo*, de Alexandre Dumas[10].

---

9. Annie Renonciat, *La Vie et l'Oeuvre de Gustave Doré*, Paris, ACR Édition, 1983 (343 illustrations); Helio Lopes, *Letras de Minas e Outros Ensaios* São Paulo, Edusp, 1997; Jerusa Pires Ferreira, "O Judeu Errante: a Materialidade da Lenda", em *Revista Olhar,* Universidade Federal de São Carlos, ano 2, n. 3, 2000 http://www.olhar.ufscar.br/index.ph p/olhar/article/viewFile/21/20

10. Umberto Eco, *Cemitério de Praga*, Rio de Janeiro, Editora Record, 2011.

Der wandernde Ewige Jude
Farbiger Holzschnitt von Gustave Doré. 1852

27. Gustave Doré, "The Wandering Eternal Jew". França, 1852. Reeditado em uma publicação antissemita de Eduard Fuchs, *Die Juden in der Karikatur: ein Beitrag zur Kulturgeschichte*, 1921.

28. Charles François Pinot (1917-1979), *O Verdadeiro Retrato do Judeu Errante* (*Le Vrai Portrait de Juif-Errant*), gravura, Epoinal, Vosges, França, c. 1857.

29. *Véritable Complainte du Juif-Errant* (Imagerie d'Épinal), n. 5 bis, 238 × 260 mm, Folhetim publicado na França, *c.* 1880.

30. François Georgin, *Le Juif-Errant* (Imagerie d'Épinal), gravura, *Perhinderion*, 1896, Spencer Museum of Art. Purchase; The Letha Churchill Walker Memorial Art Fund, 1997.

Em 1834, o mito sobre *Ahasverus* se modernizou através do poema em prosa de Edgard Guinet (1803-1875), historiador polêmico que, em seu texto, entrega o veredito dado por Deus para a raça humana a Cristo que vai amaldiçoar um único homem: judeu, condenado a caminhar eternamente. Em 1846, Guinet foi expulso do Collège de France por suas críticas à Igreja Católica Romana, por exaltar a revolução, por apoiar as nacionalidades oprimidas da França e por defender a teoria de que "a religião é uma força determinante na sociedade"[11]. Em 1857, Charles François Pinot (1917-1979) criou uma outra versão para a figura do Judeu Errante, o mesmo sapateiro que em Jerusalém havia insultado a Cristo e recusado a ajudá-lo a carregar a cruz. Nesta gravura, o velho *Ahasverus, com trajes coloridos,* foge assustado da maldição simbolizada por uma cruz e uma serpente estendida aos seus pés.

Adentrando ao século xx, a expressão "Judeu Errante" ganhou novas dimensões, sendo também utilizada para discriminar outras minorias que, na qualidade de imigrantes ou povos "bárbaros", eram consideradas como indivíduos à margem da sociedade. Expressivos desta interpretação racista são os panfletos criados por

---

11. Edgard Guinet, *Ahasvérus*, Paris, Revue de Deux Mondes, 1834; *Assuero*, Ludwigsburg, Nast, 1834. Original em alemão disponível na Biblioteca da Universidade de Princeton. http://www.worldcat.org/title/ahasverus/oclc/43074199

Wachirawut, monarca do Sião (1910-1925), para qualificar os comerciantes chineses como inimigos estabelecidos no reino, cujos títulos já dizem para que vieram: *Os Judeus do Oriente* (1914) e *Travas nas Nossas Rodas* (1915). Após ter estudado na Inglaterra, Wachirawut tornou-se um adepto do nacionalismo europeu que, no século xx, esteve diretamente ligado às teorias racistas aplicadas aos projetos de Estado, como na Alemanha (nacional-socialismo) e na Itália (fascismo)[12].

Nos Estados Unidos, a imagem do Judeu Errante ganhou um viés político, servindo para ilustrar a caminhada de Paul Kruger (1825-1905), então exilado na Europa. Após ter ocupado o cargo de presidente da República Sul-Africana (ou República de Transvaal) por quatro vezes, Kruger deixou seu país em meio à Segunda Guerra dos Bôeres, iniciada em 11 de outubro de 1899. Fugiu no navio de guerra *Der Gelderland*, enviado pela rainha holandesa Guilhermina, passando por Marselha e pelos Países Baixos até chegar em Clarens, na Suíça, onde morreu em 14 de julho de 1904. A figura do *"Paul Kruger errante"* foi representada em uma cromolitografia de autoria do artista Udo J. Keppler (1872-1956), publicada pela *Puck* – revista semanal

---

12. *Apud* Benedict Anderson, *Comunidades Imaginadas: Reflexões sobre a Origem e a Difusão do Nacionalismo*, São Paulo, Companhia das Letras, 2008, p. 149.

pioneira no humor gráfico e sátira política – na edição de 9 de janeiro de 1901. A composição nos intriga por mostrar, em primeiro plano, um homem com traços fisionômicos distintos da tradicional caricatura do Judeu Errante. Mas, assim como o *Judeu Errante*, de Gustave Doré (1852), Kruger caminha como um fugitivo, com as vestes em desalinho, apoiado em um cajado. Deixa para trás alguns soldados que o expulsam com um gesto de repulsa. No céu, nuvens escuras expressam os tempos sombrios vivenciados por Kruger no exílio[13].

Na Alemanha, o mito do Judeu Errante serviu à ideologia nacional-socialista, sendo a imagem do seu personagem amplamente utilizada pelos meios de propaganda do Reich, que encontrou subsídios na panfletagem antissemita produzida desde o século XVII. No cartaz de divulgação da exposição antissemita *Der Ewige Jude* (*O Judeu Eterno*), exibida em Munique, em 8 de novembro de 1937, a figura emerge com um novo visual, desvinculado das clássicas imagens do Judeu Errante. Não é mais um andarilho e sim uma figura estática, com barba não muito longa, vestido com casaco e chapéu negros. No lugar do tradicional cajado do caminhante, ele segura um chicote e, debaixo do braço, traz o mapa da URSS marcado com

---

13. Prescott Holmes, *The Life Story of the President of the Transvaal*, Philadelphia, Henry Altemus, s.d.

31. Udo Keppler, "The Wandering Jew". Cromolitografia, *Puck*, v. 48, n. 1244, 9 janeiro de 1901. Ills. In AP101.P7 1901.

o símbolo da foice e do martelo. Na palma da mão estendida apresenta um punhado de moedas, uma analogia ao caráter do judeu ganancioso por riqueza. No seu conjunto, a silhueta amedronta e cria repulsa àquela figura que, além do perigoso judeu, nos remete aos marxistas, agiotas e escravocratas[14]. Estas imagens fortaleciam, ainda mais, a malignidade atribuída aos judeus que, além de representantes de uma raça degenerada, haviam perdido seus direitos de cidadania. Tornados apátridas, estavam excluídos da proteção do Estado enquanto inimigos do povo alemão.

Como judeus, traziam a marca da degeneração e, enquanto párias, deveriam ser exterminados, sem precisar aguardar o julgamento por ocasião do Juízo Final, como pregava a lenda do Judeu Errante. A imagem de Jesus Cristo a caminho do Calvário desaparece da narrativa, assim como qualquer outra referência aos quadros da Paixão, segundo os Evangelhos. O futuro dos judeus já havia sido previsto por Adolf Hitler em *Mein Kampf*, a bíblia dos nacional-socialistas: o extermínio. Expressivo desta solução genocida é o filme *Der ewige Jude*, dirigido por Fritz Hippler e rodado logo após a invasão da Polônia pela Alemanha, em setembro de 1939. Teve sua estreia em 29 de novembro de 1940 para uma pla-

---

14. Pôster da exposição *Der ewige Jude* (*O Judeu Errante*), Munique, em 8 de novembro de 1937.

teia especial formada por representantes das Artes, das Ciências e das Forças Armadas da Alemanha (*Wehrmacht*). Encomendado por Goebbels, o filme mostra "cenas autênticas feitas nos guetos poloneses" mostrando como eram os judeus "antes de se esconderem sob a máscara do europeu civilizado". Em seguida, essas imagens são substituídas por ratos que, em analogia aos judeus, "espalham a destruição à sua volta estragando os alimentos e a propriedade"; "Eles lucram com a doença do povo"; "Assim disseminam doenças, peste, lepra, tifo, cólera e disenteria"; "O judeu sem raiz não tem órgão"[15]. O diretor de cinema Fritz Hippler foi condenado pelo Tribunal Militar dos EUA após a guerra, juntamente com o cartunista Philipp Ruprecht, do jornal *Der Stürmer*, Otto Dietrich e Max Amann, ambos da imprensa do Reich.

Apesar das atrocidades cometidas pelos nazistas durante o Holocausto, os mitos antissemitas continuam a se multiplicar pelo mundo afora, mantendo iluminados os textos e as imagens fabricadas sobre o *judeu indesejável*. O mundo atual continua a ser um "hospedeiro" do mito do Judeu Errante, favorecido pelos questionamentos que persistem sobre os direitos do povo judeu aos territórios da antiga Palestina e a dispersão das comunidades judaicas por todos os con-

---

15. Cf. legenda: *Der ewige Jude*, Ein dokumentarischer Film der D. F. G. Maik, Franz R. Friedl, 1940.

32. "O Judeu Errante", adaptado para o livro infantil alemão antissemita, *Trau Keinem Fuchs...*, de Elvira Bauer – *Der Stürmer*. Alemanha, 1936.

t nentes, "panos de fundo" para as incursões no mundo da ficção. Retomando Umberto Eco, temos que admitir

[...] que, para nos impressionar, nos perturbar, nos assustar ou nos comover até com o mais impossível dos mundos, contamos com nosso conhecimento do mundo real[16].

BRASIL, HOSPEDEIRO DO MITO

A lenda do Judeu Errante sempre se fez presente no Brasil, alimentada, sutilmente, por uma mentalidade intolerante e antissemita que persiste desde o século XVI. Inspirados em modelos europeus, vários folhetins foram produzidos ou traduzidos entre 1844 e 1900, no Brasil confirmando o gosto por este gênero de literatura. *O Judeu Errante* (*Le Juif Errant*), de Eugène Sue (1804–1857), por exemplo, foi publicado no folhetim do *Diário do Rio de Janeiro*, em 29 de outubro de 1844, transcrito do jornal *A Restauração*, de Lisboa. Em 5 de dezembro de 1845, o mesmo periódico anunciava a venda do "fantástico *Judeu Errante*, de Sue, em 5 volumes,

---

16. Umberto Eco, *Seis Passeios pelos Bosques da Ficção...*, p. 89; Cristiane Soares Fernandes, "Resenha: Análise dos Conceitos Fundamentais Apresentados no Cap. 4 – Bosques Possíveis", do livro *Seis Passeios pelos Bosques da Ficção*, de Umberto Eco. http://pt.scribd.com/doc/239189_3/Analise-do-livro-Seis-Passeios-pelos-Bosques-da-Ficcao-Umberto-Eco.

por 2$rs". O lançamento do livro para o público brasileiro, em junho de 1845, foi marcado por um grande furor, apesar das críticas do Pe. Lopes Gama, que o avaliara como um "panfleto moralizador e mordaz"[17].

A obra não demorou a ser levada ao palco do Teatro Lírico do Rio de Janeiro, que gastou 10 000$000 para encenar o drama. Assim como na Europa, a figura de Ahasverus – ora peregrino imortal, ora opressor de Jesus – foi reproduzida e multiplicada em partituras musicais, cartões-postais, poemas, gravuras e pinturas. Algumas poucas vozes, identificadas com a vida dos desenraizados, retomaram o tema maldito do Judeu Errante para comporem seus textos e/ou autobiografias. Poemas inconformados, como de Castro Alves (1847-1871) e Luís Nicolau Fagundes Varela (1841-1875), reinterpretaram a figura do Judeu Errante, arquétipo inspirador de muitos dos seus melodramas. Castro Alves, em *Ahasverus e o Gênio*, incorporou a figura do "mísero judeu que tinha escrito na testa o selo de atroz", "eterno viajor de eterna senda…" Como o poeta dos escravos, afirmou que o Gênio era como *Ahasverus*, "um solitário, a marchar, a marchar"[18].

---

17. *Diário do Rio de Janeiro*, 5 dez. 1845 *apud* Egon e Frieda Wolff, *Os Judeus no Brasil Imperial*, São Paulo, Centro de Estudos Judaicos/FFLCH-USP, 1975. Para maiores detalhes sobre o tema do Judeu Errante ver Maria Luiza Tucci Carneiro, *O Veneno da Serpente*, *op. cit.*, pp. 31-45.

18. *Apud* Alfredo Bosi, *Dialética da Colonização*, São Paulo, Companhia das Letras, 1992, p. 255.

Numa forma de protesto contra a rejeição universal vivenciada pelos negros escravos e judeus, Castro Alves reinterpretou o drama do Judeu Errante – chamado de "maldito", assim como ele, poeta irreverente – em *Vozes da África* (1866). O poeta dos escravos explica a estigmatização dos negros a partir do mito da danação da raça cujo destino histórico era irreversível. Assim, o poeta baiano canta, em versos, o drama dos negros que – como os judeus – estavam condenados, através de milênios, a pagar pelos seus pecados:

> Vi a ciência desertar do Egito...
> Vi meu povo seguir – Judeu maldito –
> Trilho da perdição
> Depois vi minha prole desgraçada
> Pelas graças d'Europa – arrebatada –
> Amestrado falcão!...[19]

Fagundes Varela, em algumas das suas poesias *Noturnas*, refere-se ao martírio e às dores do Judeu Errante em cuja testa, "dos tufões crestada, labéu de fogo cintilava escrito!"[20] O tema é retomado em *Mocidade e Morte* onde *Ahasverus* simboliza *a* figura do maldito,

---

19. Castro Alves, *Vozes da África*, São Paulo, 11 de junho 1866.
20. *Apud* Wilson Martins, *História da Inteligência Brasileira*, vol. III (1855-1877), São Paulo, Cultrix/Edusp, 1977, pp. 145-146.

referência analisada por Jerusa Pires Ferreira em seu ensaio "O Judeu Errante: A Materialidade da Lenda"[21].

Na década de 1850, a obra *O Judeu Errante*, de Eugène Sue, incluía-se no rol dos livros cultuados pela *intelligentsia* brasileira que equiparava este texto aos de Alexandre Dumas e Victor Hugo. Enquanto autor da literatura folhetinesca, Sue – apesar de remeter ao feio, ao mal, ao crime, às trevas e ao horror – era lido e aclamado pelos bacharéis da Faculdade de Direito de São Paulo e Rio de Janeiro. Visconde de Taunay registrou, em 1852, que retirou da biblioteca do seu tio Beaurepaire, em Engenho Novo, "oito grossos volumezinhos" do *Judeu Errante*, editado em Bruxelas. Enfim: "os devorou sem parar!" Brito Broca chegou a citar Eugène Sue entre os autores preferidos do Visconde de Nogueira Gama, personagem de um de seus escritos de 1855[22].

Uma coisa é certa: por onde o Judeu Errante andou, tornou-se uma incômoda companhia. Assim escreveu Carlos Drummond de Andrade (1902-1987), em um dos seus poemas publicados em 1968. Analisado pela escritora Kênia Maria de Almeida Pereira, este poema ganhou uma outra dimensão, adentrando

---

21. Jerusa Pires Ferreira, "O Judeu Errante: A Materialidade da Lenda", em *Revista Olhar*, Centro de Educação e Ciências Humanas da UFSC, vol. 2, n.3, maio-jun. 2000, p. 25.

22. *Apud* Marlyse Meyer, *Folhetim, uma História*, São Paulo, Companhia das Letras, 1996, p. 286.

o campo da psicologia. Através dos versos, o poeta recupera os seus medos e assombros de menino nascido e criado em Itabira (Minas Gerais). Intrigado com a história deste perigoso homem que "anda e anda e pisa no meu sonho", Drummond confessa que não dormia sem pensar no Judeu Errante. Chegou a ouvir os passos daquele homem de preto que ressoavam no seu quarto de menino: "... embaixo da cama, na gaveta do armário, na porta do sono!" Penalizado, questiona se ele (o Judeu Errante) tinha cama e se comia no ar? Deixa marca de pés? Como é a sua voz? Assim como Drummond, outras tantas crianças perderam o sono e cobriram sua cabeça com o lençol para não bater de frente com o "homem barbudo que perambulava pelas ruas escuras das pequenas cidades, amaldiçoando as famílias e roubando-lhes os meninos peraltas"[23]. Esta figura nos remete à imagem estigmatizada do cigano que, assim como o judeu, também carrega o estigma de errante.

Na década de 1930, certamente, Drummond deve ter cruzado com a obra *O Judeu Errante*, de Eugène Sue, publicada no Brasil pela Editorial Paulista[24].

---

23. Kenia Maria de Almeida Pereira, "O Judeu Errante nas Minas Gerais: Carlos Drummond de Andrade em Busca de Ahasverus", em *Arquivo Maaravi: Revista Digital de Estudos Judaicos da UFMG*, Belo Horizonte, vol. 7, n. 13, out. 2013.

24. Eugène Sue, *O Judeu Errante*, São Paulo, Editorial Paulista, s.d. Biblioteca Mindlin/USP.

Em abril de 1934, aparece anunciada no catálogo de propaganda de livros (n.1), de *A Sementeira*, sugerida como leitura ao lado de outros títulos de autoria de Dostoiévski, Máximo Gorki e Victor Hugo[25]. Ao mesmo tempo, circulava a edição francesa *Le Juif Errant*, ilustrada por Giovanni, em quatro volumes.

O ERRANTE NO CORDEL

A propagação da lenda do Judeu Errante pode ser constatada nos livretos de cordel, uma das mais importantes formas de registro da cultura popular brasileira. O folheto de cordel – que é *o jornal dos que não leem jornais no interior nordestino…* – tem uma força mítica que ora assume a forma de peste, morte ou traição[26]. Este é um sinal de que a narrativa construída pelos cordelistas criou matrizes no imaginário e produziu uma cosmovisão particular do mundo. Segundo Lise Andriès, esta literatura deve ser vista como "um sistema de interpretação do mundo mágico e religioso"[27].

---

25. *Catálogo de Propaganda de Livros* (n.1), de *A Sementeira*, confiscado e anexado ao *Pront. n. 581*, da Delegacia Regional de Polícia de Jundiaí, vol. 1, Fundo Deops/sp. Apesp.
26. Ricardo Noblat, "Fatos e Fotos e Manchete", *apud* Mark J. Curran, *História do Brasil em Cordel*, São Paulo, Edusp, 2001, pp. 24-25.
27. Lise Andriès, *Le Grand Livre des Secrets – Le Colportage en France aux 17e et 18e siècles*, Paris, Éditions Imago, 1994, p. 17.

Por esta razão, os livretos de cordel não devem ser desmerecidos pelos estudiosos do racismo e, em particular, do antissemitismo. Os autores populares procuram centrar suas histórias em figuras de reconhecimento fácil, como é o caso de Jesus Cristo, o judeu, o negro, o cigano, o imigrante etc., assim como de lugares (Jerusalém, Roma, Turquia) que reforçam a verossimilhança dos relatos, assegurando a sua credibilidade.

Dentre os livrinhos de cordel cumpre citar *A Vida do Judeu Errante,* de autoria de Manoel Apolinário Pereira, que se propôs escrever um tratado da vida sobre este homem que "desconhecia a Deus e desobedecia a todos os seus mandatos". Inspirado no romance *Mártir do Gólgota,* de Perez Escrich, o autor narra a trajetória de Samuel Belibeth (Ahasverus), um soldado mercenário que, errante, havia percorrido várias nações[28].

O perfil monstruoso de Samuel Belibeth vai sendo construído pelo cantor, verso por verso, descrito como um homem feio, forte, de voz terrível e de estatura elevada. Belibeth "matava gente, não acreditava em santos e o seu Deus era a espada". Após ter retornado a Jerusalém, este homem casou-se e, para sustentar sua família, dedicou-se ao comércio, "por obrigação". Sua esposa faleceu dez meses após ter dado à luz um menino que, segundo o autor, ficou "nas mãos daquele

---

28. *Apud* Jerusa Pires Ferreira, *op. cit.,* pp. 24-30.

DEZ MITO SOBRE OS JUDEUS

judeu que sequer dava conta de cuidar da sua própria mãe que era paralítica, surda e muda". Para fazer relação com a trajetória de Jesus Cristo, o autor chama Belibeth de "charlatão", que, rindo às gargalhadas, sugeriu à sua cunhada Serafia que "fosse se divertir com os gestos que o Filho de Deus fizesse na cruz".

O autor vai, cada vez mais, dando um tom acusatório à sua narrativa, ao envolver Belibeth com a crucificação de Cristo: "ele acusou a Jesus do modo mais agravante, arrastou-o até onde estava o estandarte e deu-lhe um bofete nas costas enquanto o povo gargalhava". Constatamos que, para Samuel Belibeth, Jesus de Nazareno era um "falso profeta", "profanador das luzes do império", "falso senhor" e "infeliz feiticeiro" que cobiçava o trono do imperador Tibério. Durante o percurso de Jesus em direção ao Calvário, Belibeth teria lhe negado água e descanso, além de acusá-lo de "falso filho de Deus". Jesus teria dito a Samuel que, como castigo, ele seria um imortal, ainda que a imortalidade não lhe trouxesse felicidade: andaria sem cessar, vagando pelo mundo até o dia final. Daí a frase que dá sustentação à sentença do Judeu Errante: "anda, anda Belibeth até a eternidade?"[29]

---

29. Manoel Apolinário Pereira, *A Vida do Judeu Errante*, cordel editado pela Folheria Luzeiro do Norte do grande poeta João José Silva, s.d, 32 pp. Coleção Ruth Terra, IEB/USP, *apud* Jerusa Pires Ferreira, *op.*

Durante a leitura de *A Vida do Judeu Errante*, constatamos que a imagem que vai sendo construída transita entre a forma animal e a humana, ambas malditas pelo autor deste livreto. A ênfase está na ideia de predestinação: aquele homem maldito deverá fugir e correr – nação por nação – para cumprir sua espinhosa missão. O emprego de adjetivos qualificativos no final de cada estrofe estigmatiza o personagem que carrega a pecha de "viajante nojento e maldito de Deus". No final, o autor previne: se o Judeu Errante tentar vir para o Brasil – "terra brilhante onde o povo é rebelde... ele bota nele fervendo"[30]. Mais uma vez, a imagem do Judeu Errante corresponde à figura do judeu apátrida, caminhante sem pátria, expulso da Alemanha pelos nazistas. Estamos diante da atualização do mito que, cruzado com um outro mito (de que os judeus mataram Cristo), ganha uma versão popular de fácil compreensão para o cidadão brasileiro semiletrado. Enfim, múltiplas versões que, orientadas pelos seus códigos que regem a elaboração do texto literário, condicionam o leitor a sentir ódio daquele judeu. Assim, entre 1933 e 1934, a figura mítica do Judeu Errante foi reabilitada e incorporada à imagem do eterno

---

cit., pp. 8-29; Maria Luiza Tucci Carneiro, *O Veneno da Serpente, op. cit.*, p. 30.

30. *Idem*, p. 31.

caminhante sem pátria, personagem consagrado pela literatura medieval e moderna. A ambiguidade do termo "errante" favoreceu a adaptação da história do judeu Ahasverus à realidade vivenciada pelos judeus fugitivos do nazifascismo, tema que analiso no meu livro *Cidadão do Mundo: o Brasil diante do Holocausto e dos Refugiados do Nazifascismo, 1933-1948*.

33. Autor não identificado, "O Judeu Errante", desenho publicado em *Shanghai Evening Post* retratando a situação dos refugiados judeus na Ásia. Xangai, [Kiangsu] China, 1941.

MITO 7

Os Judeus São Racistas

O mito diz que os judeus são racistas. Na verdade, ser racista não é privilégio desta ou daquela religião, pois, independentemente da sua fé, qualquer ser humano pode se transformar em um racista. Isto porque o homem não nasce com preconceito: este é um fenômeno social e não genético, sendo a sua origem política, social e/ou econômica.

P ara compreendermos esta acusação, temos que entender, em primeiro lugar, o que é racismo e, especialmente, antissemitismo. Enquanto ideologia, o racismo é acionado por indivíduos ou grupos para servir como pretexto para dominação política e exploração econômica. Retrocedendo ao passado, constataremos que, desde a Antiguidade, os homens se utilizaram da existência de diferenças físicas, de desacordos políticos e interesses econômicos para justificar suas lutas pelo poder.

Acusar os judeus de racistas é, antes de mais nada, uma forma de antissemitismo velado que contribui para o "apagamento da memória" dos atos genocidas e da intolerância secular praticada contra este povo. No entanto, aqueles que fazem uso desta acusação procuram não distinguir *judeus/israelitas* de *israelenses/cidadãos*. Ou seja, não têm interesse em fazer tal distinção, pois é na generalização que o mito ganha forças. Chamar os judeus de racistas, nazistas ou usar a palavra "holocausto" para denominar o conflito entre Israel e Palestina é tentar banalizar o Holocausto, minimizando suas consequências para o povo judeu. Mesmo porque o Holocausto é uma das fontes de legitimidade da criação do Estado de Israel, razão pela qual interessa aos antissionistas desqualificar este fato enquanto genocídio singular na História da Humanidade. Por interesses políticos, aqueles que são contra a existência do Estado de Israel e a favor da criação de um único Estado chamado Palestina apelam para a inversão de valores, ignorando as raízes históricas do antissemitismo.

A acusação de que os judeus são racistas ganhou adeptos e versões distorcidas com a aprovação da Resolução 3379 da Assembleia Geral das Nações Unidas que, em 10 de novembro de 1975, considerou que o "sionismo é uma forma de racismo e discriminação racial". A votação contou com 72 votos a favor[1], 35

---

1. Votaram sim: Afeganistão, Albânia, Arábia Saudita, Argélia, Bahrain, Bangladesh, Brasil, Bulgária, Burundi, Cambodja, Camarões, Cabo Verde, Chade, Chipre, Congo, Cuba, Daomé, Egito, Emirados Árabes Unidos, Gâmbia, Granada, Guiana, Guiné, Guiné-Bissau, Guiné Equatorial, Hungria, Iêmen do Norte, Iêmen do Sul, Índia, Indonésia, Irã, Iraque, Jordânia, Kuwait, Laos, Líbano, Líbia, Madagáscar, Malásia, Maldivas, Mali, Malta, Marrocos, Mauritânia, México, Moçambique, Mongólia, Níger, Nigéria, Oman, Paquistão, Polônia,

votos contra[2] e 32 abstenções[3], refletindo posturas ideológicas das nações contrárias ao Estado de Israel desde a sua criação em 1947. Alguns antecedentes devem ser interpretados como prenúncios de um movimento antissionista alimentado pela propaganda soviética contra Israel após a Guerra dos Seis Dias e também com o boicote do petróleo árabe após a Guerra de Yom Kippur, em 1973.

Em setembro de 2001, durante a Conferência Mundial da onu contra o Racismo, Discriminação Racial, Xenofobia e Intolerância Correlata, realizada em Durban (África do Sul), o secretário das Nações Unidas, Kofi Annan, afirmou que "a crença de que *sionismo é racismo* morreu". Naquele momento, vários países pretendiam condenar Israel por racismo.

Portugal, Qatar, República Democrática Alemã, República Popular da China, Ruanda, São Tomé e Príncipe, Senegal, Síria, Somália, Sri Lanka, Sudão, Tanzânia, Tchecoslováquia, Tunísia, Turquia, Uganda e União das Repúblicas Socialistas Soviéticas.

2. Votaram não: Austrália, Áustria, Bahamas, Barbados, Bélgica, Canadá, Costa do Marfim, Costa Rica, Dinamarca, El Salvador, Estados Unidos da América, Fiji, Finlândia, França, Haiti, Honduras, Islândia, Israel, Itália, Libéria, Luxemburgo, Malawi, Nova Zelândia, Nicarágua, Noruega, Países Baixos, Panamá, Reino Unido, República Centro-Africana, República da Irlanda, República Dominicana, República Federal Alemã, Suazilândia, Suécia e Uruguai.

3. Abstiveram-se: Alto Volta, Argentina, Butão, Bolívia, Botswana, Birmânia, Chile, Colômbia, Equador, Etiópia, Filipinas, Gabão, Gana, Grécia, Guatemala, Jamaica, Japão, Quênia, Lesotho, Maurício, Nepal, Papua-Nova Guiné, Paraguai, Peru, Serra Leoa, Singapura, Tailândia, Togo, Trinidad e Tobago, Venezuela, Zaire e Zâmbia.

A pressão vinha da parte dos países árabes e africanos contra a posição dos ocidentais:

A Resolução 77 da Assembleia de Chefes de Estado e do Governo da Organização da Unidade Africana considerava que o regime racista na Palestina ocupada [por Israel] e o regime racista no Zimbabwe e na África do Sul têm uma origem imperialista comum, formando um todo e tendo a mesma estrutura racista e sendo organicamente ligados na sua política destinada à repressão da dignidade e integridade do ser humano[4].

Em 2009, as Nações Unidas convocaram a II Conferência Mundial contra o Racismo [ou Durban II], realizada em Genebra, entre 20 e 24 de abril, com objetivo de examinar a implementação da Declaração e Programa de Ação de Durban a partir de 2001. A conferência foi boicotada por Austrália, Canadá, Alemanha, Israel, Itália, Holanda, Nova Zelândia, Polônia e Estados Unidos. A República Checa interrompeu a sua presença no primeiro dia, e outros vinte e três países da União Europeia enviaram delegações não qualificadas. A grande preocupação dos países ocidentais concentrou-se no fato de que o encontro seria usado para promover o antissemitismo e as leis contra a blas-

---

4. "Sionismo não É Igual a Racismo". Durban, France Presse, publicada pela *Folha de S. Paulo*, 1.9.2001.

fêmia, promovendo o racismo e investindo contra os princípios da liberdade de expressão.

A acusação de que Israel é racista foi retomada pelo então presidente iraniano Mahmoud Ahmadinejad – o único chefe de Estado presente – cujos pronunciamentos sobre o Holocausto já vinham criando polêmicas. Para Ahmadinejad, o Ocidente vinha utilizando o Holocausto como um "pretexto" para a agressão contra os palestinos, sendo citado como uma "questão ambígua e duvidosa". Vinte e três delegados dos países da União Europeia deixaram a sala, enquanto que a República Tcheca anunciou que sairia definitivamente da conferência. Alguns países permaneceram e aplaudiram o presidente iraniano cujo discurso foi criticado por Ban Ki-moon, secretário geral da ONU, assim como o ato de boicote.

O conteúdo do discurso pronunciado por Ahmadinejad, e o fato de ter sido aplaudido por "alguns", serve aqui como registro da persistência e forma de atualização do mito de que os *judeus são racistas* [*sic*]. As frases iniciais pronunciadas por Ahmadinejad sintetizam, em poucas palavras, a sua postura ideológica que exalta o antissemitismo e o negacionismo, instigando o ódio e a violência contra Israel e os judeus. Reproduzo, a seguir, os trechos iniciais do discurso de Ahmadinejad, grifando algumas de suas expressões que demonstram a erradicação de vários mitos aqui analisados:

Caros amigos,

Hoje, a comunidade humana enfrenta um *tipo de racismo que macula* a imagem de toda a humanidade, no início do terceiro milênio. *O sionismo mundial personifica o racismo que é falsamente atribuído a religiões* mas de fato, abusa dos sentimentos religiosos para *esconder sua horrenda face de ódio*. Contudo, é importante que não percamos de vista os objetivos políticos de alguns dos *poderes mundiais*, dos que *controlam os imensos recursos econômicos e os lucros, no mundo.* Mobilizam todos os recursos, inclusive a influência econômica e política – *e a mídia em todo o mundo –,* para tentar ganhar apoio para o regime sionista e para ocultar a indignidade e a desgraça daquele regime. Não se trata aqui *de simples questão de ignorância.* [...] Os governos antissionistas devem ser encorajados e apoiados com vistas a *erradicar esse racismo bárbaro* e para que se reformem os mecanismos internacionais hoje existentes. Não há qualquer dúvida de que todos os senhores aqui presentes têm perfeito conhecimento *da conspiração movida por alguns governos e pelos círculos sionistas* contra as metas e os objetivos dessa conferência. Infelizmente, houve declarações e declarações de apoio aos sionistas e seus crimes. É dever e responsabilidade dos respeitáveis representantes de todas as nações *desmascarar essa campanha que corre na direção oposta a todos os valores e princípios humanitários*[5].

---

5. Discurso pronunciado por Mahmoud Ahmadinejad durante a II Conferência Mundial contra o Racismo [ou Durban II], realizada em Genebra, entre 20 e 24 de abril de 2009.

Hoje, após as três conferências mundiais da ONU na luta contra *o racismo, a discriminação racial, a xenofobia e a intolerância correlata* (2001, 2009 e 2011)[6], o mito de que os judeus são racistas sobrevive, alimentando-se da política israelense contra o terrorismo praticado pelo grupo Hamas na Palestina. Realmente, em 2001, Kofi Annan foi otimista ao considerar que "a crença de que sionismo é racismo morreu"! Tanto sobreviveu que pode ser constantemente identificada na mídia impressa e eletrônica. Basta consultar o site da Radio Islam que dispõe do link "Racismo Judaico", disponível em 23 idiomas. Citações de acadêmicos e de falsas associações aos Direitos Humanos são algumas das estratégias utilizadas pelos promotores desta rádio que, certamente, deve ter milhares de "navegantes" cooptados para o ódio. Uma das frases vem assinada pelo Prof. Israel Shanak, anunciado como "judeu e fundador da Liga Israelense de Direitos Humanos", que teria afirmado:

Israel como um Estado judeu constitui um perigo não apenas a si mesma e a seus habitantes, mas a todos os judeus, e a todos os povos e Estados do Oriente Médio e além[7].

---

6. Durban III realizada em Nova York, em 22 de setembro de 2011, foi boicotada pelos dez países acima mencionados (incluindo a República Checa), juntamente com Áustria, Bulgária, França e o Reino Unido.
7. Radio Islam, em português: http://www.radioislam.org/islam/portugues/portu.htm

Frases isoladas do contexto discursivo, por exemplo, são publicadas pela Radio Islam, enfatizando que os judeus são racistas, que o antissemitismo é uma doença e/ou uma chantagem inaceitável. Referindo-se ao Holocausto, alega que esta "suposta perseguição" está associada a uma patologia clínica. Com o objetivo de demonstrar que os judeus e israelenses não querem se misturar com outras "raças", a "rádio" (des)informa ao fazer uso, por exemplo, de uma frase pronunciada pelo rabino Israel Meir Lau durante o Congresso Anual organizado pelo Centro Rabínico da Europa (RCE) na capital francesa, em março de 2009. Apresentado como ex-chefe do rabinato em Israel e, na ocasião, presidente do Memorial do Holocausto Yad Vashem, Meir Lau disse para cerca de trezentos rabinos que "a assimilação é uma ameaça maior do que o antissemitismo e o terrorismo para o futuro dos judeus". A afirmação do rabino Lau teve como referência um estudo estatístico norte-americano cujos resultados comprovam que: "dentre cem judeus da primeira geração somente três continuam como judeus na quarta geração". Tal constatação é negada no artigo "O Antissemitismo É uma Doença? A Chantagem Inaceitável", de Marcelo Franc , que acusa os judeus de evitarem qualquer "mistura racial por considerarem a assimilação como uma ameaça ao povo judeu". O autor, em nenhum momento, questiona o processo de "assimilação" por parte de um povo ou grupo étnico que, sem dúvida, implica a perda de identidade, o apagamento de suas tradições e assim por diante[8].

Da mesma forma, um conjunto de artigos sobre o Talmud são arrolados com o objetivo de comprovar que existe, realmente, um *racismo judaico* contra os não judeus. Dentre estes textos cito um deles, de autoria do Reverendo I. B. Pranaitis[9], "O Talmud Desmascarado", dedicado a demonstrar os ensinamentos secretos a respeito dos cristãos e não judeus. Como uma de suas epígrafes, o Reverendo Pranaitis cita uma frase retirada da clássica obra *L'Antisémitisme: son Histoire et ses causes*, de Bernard Lazare: "O Talmud formou a Nação Judia depois da Diáspora, moldou-lhe a alma, criou a raça"[10]. Em seguida, afirma que:

---

8. A palavra assimilação usada por Meir Lau nos remete à um texto de Marcelo Franchi divulgado pela Radio Islam com o título "O Antissemitismo É uma Doença? A Chantagem Inaceitável", disponível em Radio Islam, http://www.radioislam.org/islam/portugues/antisem/doenca.htm. Ver também: "Os Judeus e a 'Questão Racial'", em Radio Islam. Fonte: "Race-Mixing, a bigger threat to the people than terrorism", *National Journal*, publicado em 13.4.2009.

9. I. B. Pranaitis é apresentado como sacerdote católico, doutor em Teologia e professor de idioma hebreu da antiga Academia Imperial Eclesiástica da Igreja Católica Romana de São Petersburgo.

10. Bernard Lazare, *L'Antisémitisme: son Histoire et ses causes*, Edition Definitive, Paris, Editora Jean Prés, 1934.

É preciso ler e estudar o Talmud para compreender o Sionismo Internacional, o orgulho com que os judeus se consideram os donos do mundo e o poder que possuem para controlar as finanças e os meios de comunicação a nível mundial. Reverenciando apenas o bezerro de ouro, conservam através de vários milênios a sua unidade e identidade racial, política, religiosa e nacional, fazendo-os imaginarem-se seres superiores, eleitos de Deus e recusando todo e qualquer tipo de assimilação, *personificando com sua maneira de ser a forma mais odiosa de racismo.* Não creem mais no Messias, mas unicamente no destino messiânico do Povo de Israel, que, segundo sua ótica, seus profetas e uma vontade nacional irredutível, que atinge as raias da paranoia coletiva, deverá dominar e reinar sobre o resto da humanidade. Não é, pois, sem razão que em toda a Bíblia – Velho Testamento – os judeus são condenados por sua idolatria (Êx. 32:8 – 1 Rs. 12:28 – 11 Rs. 17:16 – Si. 13 – Is. 31:6:7 – Jr. 2). Não esqueçamos, portanto, da advertência de Aarão a Moisés: "Não se irrite o meu Senhor. Tu mesmo sabes o quanto este povo é inclinado para o mal" (Êx. 32:22)[11].

11. I. B. Pranaitis [Reverendo], "O Talmud Desmascarado", FdH, AAARGH, Internet, 2006, Radio Islam.

„Im Talmud steht geschrieben: ‚Nur der Jude allein ist Mensch. Die nichtjüdischen Völker werden nicht Menschen genannt, sie werden als Vieh bezeichnet.' Und weil wir Juden den Nichtjuden als Vieh betrachten, sagen wir zu ihm nur Goi."

34. Fips, pseudônimo de Philipp Rupprecht, autor da imagem que ilustra o livro infantil alemão antissemita, *Der Giftpilz: Erzahlungen* (*O Cogumelo Venenoso*), de Ernst Hiemer, Nuremberg [Bavária], Alemanha, 1935.

MITO 8

Os Judeus São Parasitas

O mito diz que os judeus são parasitas, vivendo do trabalho alheio. Ao generalizar esta acusação, os antisssemitas e os desinformados colaboram para reforçar a imagem deturpada de que os judeus não trabalham e nem são afeitos ao trabalho. Reza o ditado antissemita: "eles vivem como parasitas sugando o suor daqueles que labutam para sobreviver e pagar seus impostos".

Ignoram-se, por conveniência e desconhecimento, as origens desta narrativa que, repetida ao longo dos séculos, tornou-se linguagem corrente, sendo um atributo daquilo que parece ser, intuitivamente, verdadeiro. Existem sinais de uma aparência ou de uma probabilidade de verdade, como já analisamos anteriormente, na relação ambígua que se estabelece entre imagem e ideia. O fato de existirem judeus cobradores de impostos, agiotas, comerciantes ou banqueiros não dá o direito aos demais de acusá-los de "sanguessugas", "parasitas" ou "exploradores do próximo".

Desde a Antiguidade, em decorrência das perseguições e violências de que eram alvos, os judeus foram obrigados a buscar a proteção dos soberanos que "cobravam" por estes favores, garantindo-lhes a segurança e a vida. Por exemplo, cabia aos imperadores e seus administradores regular os valores dos impostos que, segundo a tradição católica, só poderiam ser recolhidos pelos judeus cuja religião "permitia o lucro fácil." e a "exploração do outro", considerando que recebiam uma porcentagem pelo valor cobrado. Despesas da família real, as guerras e privilégios usufruídos pela nobreza eram pagos com os valores dos tributos pagos pelo povo. Assim, durante séculos, funcionaram as sociedades na Antiguidade e nas épocas Medieval e Moderna, garantidas por uma ordem imposta por aqueles que faziam parte dos *grupos de status*.

Por imposição das leis e pelos princípios do catolicismo, os judeus não podiam possuir terras, sendo-lhes vedada a prática da agricultura liberada aos cristãos que, por sua vez, não deveriam dedicar-se ao comércio e nem praticar a usura. Como consequência, coube aos judeus a cobrança de impostos, a prática do comércio e de algumas profissões liberais que lhes proporcionaram riqueza e um *status* econômico privilegiado. Liberados por sua religião, que não considerava pecado a prática da usura, muitos judeus se enriqueceram através da cobrança de impostos e do empréstimo de dinheiro a juros. Por sua vez, a prática da agiotagem rendeu-lhes a acusação de que "viviam da exploração do próximo", ganhando às custas do trabalho do Outro. Esta situação foi utilizada pelos antissemitas para estigmatizar esta prática sob a alegação de que era maligna para a sociedade católica. Inúmeros são os textos de teólogos, clérigos, filósofos, leigos e humanistas que procuravam demonstrar o grau de maldade dos judeus, constituindo-se em importantes fontes para os estudos antissemitas. Em 1477, por exemplo, Peter Schwartz não economiza adjetivos negativos para justificar a persistência das perseguições aos judeus ao longo dos séculos:

> Os judeus são duramente castigados de tempos em tempos. Mas não sofrem inocentemente, sofrem por causa da sua maldade: pois enganam as pessoas e arruínam os campos com sua usura e com seus assassínios secretos, como todo mundo sabe, e é por isso que são tão perseguidos, e não inocentemente. Não há povo mais perverso, mais finório, mais avaro, mais impudente, mais malicioso, mais venenoso, mais colérico, mais enganador e mais ignominioso[1].

Segundo Léon Poliakov, na Alemanha do século XVI a palavra *jude* (judeu) já era usada como sinônimo de *usurário*, sendo a palavra *judenpiess* um homônimo de *wucher* (usura). O próprio Martinho Lutero, em seu tratado *Dos Judeus e Suas Mentiras* (*Von den Juden und ihren Lügen*), escrito em 1543, reativou o antissemitismo, defendendo a perseguição aos judeus,

---

1. *Apud* J. Janssen, *Die Allgemeinen Zustände des Deutschen Volkes beim Augsgang des Mittelalters*, Freiburg, 1887, t. 1, p. 9. Trecho citado por Léon Poliakov, *De Cristo aos Judeus da Corte*, *op. cit.*, pp. 182-183.

a destruição dos bens religiosos, assim como o confisco do seu dinheiro. Esses pronunciamentos vieram à tona, principalmente, diante da recusa dos judeus em se converterem ao movimento protestante.

[Os judeus] Mantêm-nos prisioneiros em nosso próprio país, nos fazem trabalhar até a última gota de suor, enquanto se sentam junto à estufa, descansam, engordam, se banqueteiam, se embriagam, vivem folgadamente às custas dos bens produzidos por nós; *capturam-nos e aos nossos bens* por meio de *sua maldita usura* e ainda *debocham de nós* e *nos cospem* por termos de trabalhar para eles[2].

Ao longo da Idade Moderna – além de serem classificados como da "raça infecta" pelo "sangue que lhes corria nas veias" (expressão usada nos processos inquisitoriais) – os judeus eram também recriminados por suas posturas liberais e cosmopolitas, tendências que os associavam à política internacional dos séculos XVIII e XIX. Encontramos aqui as primeiras sementinhas que, no século XIX, irão alimentar as falsas teorias de uma conspiração judaica mundial, abrindo caminho para publicações fraudulentas como *Os Protocolos dos Sábios de Sião*.

---

2. Martinho Lutero, *On the Jews and Their Lies*, *apud* Robert Michael, "Luther, Luther Scholars and the Jews", em *Encounter* 46 (n. 4): 343-344, 1985. [Grifo nosso]

Perguntamos: é verdade que os judeus viviam da cobrança de impostos? Respondendo: sim, mas não podemos generalizar: alguns judeus sim. Outros eram médicos, escritores, comerciantes, artesãos, alfaiates etc. Inclusive, por saberem ler, tinham muito mais oportunidades de exercer atividades liberais, de se tornarem homens cultos, assessorando a realeza que precisava dos seus saberes.

Mais uma pergunta: é verdade que, para "melhor explorar o Outro", preferiam viver nas grandes cidades? Respondendo: a maioria, desde a Baixa Idade Média, residia nas cidades sim, mas tinha uma razão. Não era uma questão de "gostar ou não", e sim por não terem o direito de possuir terras e, em decorrência, raramente tinham a oportunidade de viver nas áreas rurais. E se moravam nas cidades, não eram tão livres assim.

Refrescando a memória: durante a Idade Média, de acordo com o sistema feudal coerente com as regras impostas pela Igreja Católica, os judeus eram obrigados a viver em guetos ou burgos. Por opção? Não: por imposição. Vejamos: em 1095, durante o Concílio de Clermont, o Papa Urbano II convocou a primeira cruzada para "a libertação da terra santa", expressão que iria culminar com a política de unificação dos Reinos na luta contra os inimigos da Cristandade (leia-se mouros e judeus). Um dos lemas que moviam as

Cruzadas era "Quem matar um Judeu, obterá perdão dos seus pecados"[3].

A partir do final do século XI, os judeus foram isolados em judiarias, como aconteceu, por exemplo, na Alemanha. Após o III e IV Concílio Ecumênico de Latrão (1179 e 1215), as restrições impostas sobre as comunidades judaicas foram codificadas, reunindo todas as leis anteriores contra os judeus. Segundo os cânones 67-70 do IV Concílio, os judeus, as prostitutas, os sarracenos, os heréticos e os leprosos – além de isolados em espaços fechados – eram obrigados a usar marcações especiais nas roupas que os identificavam como "infames". Mas foi na França que nasceu a ideia de marcar os indesejáveis com uma rodela amarela, cor símbolo dos invejosos e dos malvados. Esta estratégia servia para distinguir os *cristãos* dos *párias*, antecipando em séculos a estrela amarela usada pelos nazistas. A Inglaterra optou por um sinal com o formato das tábuas de Moisés, na cor açafrão; e na Itália, os judeus foram obrigados a usar um chapéu vermelho que, por ser confundido com o de um cardeal, foi mudado para a rodela amarela. O círculo da exclusão fechou-se ainda mais: a compra de terras foi proibida aos judeus e, para aqueles que as possuíam,

---

3. Wanda Kampmann, *Deutsche und Juden – Die Geschichte der Juden in Deutschland vom Mittelalter bis zum Beginn des Ersten Weltkrieges*, Frankfurt, M. Fischer, 1979, p. 6.

decretou-se o confisco. À noite os judeus deveriam recolher-se aos guetos que, posteriormente, receberam portões que eram fechados ao escurecer.

Enquanto isso, na Península Ibérica, a vida da comunidade judaica distinguia-se por uma certa coexistência entre os povos que ali habitavam. Mas, também acabaram sendo excluídos por vingança, por inveja, por enfrentamento com aqueles que queriam gozar dos mesmos privilégios. Privilégios? Como e por que tinham "privilégios"? Para os proliferadores, os judeus eram (e ainda são) "parasitas". Mas, para melhor compreendermos as razões desta acusação, considero importante retomarmos algumas informações que, na maioria das vezes, são ignoradas e/ou "esquecidas por falta de interesse" [*sic*].

A partir do século XII, os judeus constituíam grande parte da população que habitava a Península Ibérica, dedicando-se à agricultura e ao comércio. Organizados em comunidades, sendo a maior a de Santarém, tinham uma vida cultural à parte, constituindo-se em uma classe distinta por seus costumes e religião. Assim também viviam os cristãos que faziam questão de honrar as suas tradições. As comunas judaicas (atenção: as judaicas) eram oneradas em pesados impostos que constituíam importante fonte de renda ao Erário Régio. Para viverem no país, os judeus deveriam pagar uma contribuição por cabeça, capitação conhecida pelo nome de *juderega* ou *judenga*. Ainda pagavam à

Coroa o tributo do Rabinato-Mor, e aos seus vizinhos, portagens, pastagens e costumagens. Estes três últimos itens, por exemplo, eram comuns durante a Idade Média e não exclusivos aos judeus. Era uma prática que regulava os feudos e garantia dividendos aos senhores feudais que, em troca, ofereciam proteção aos seus súditos. Para aqueles que estudaram um pouco de História da Idade Média, não será difícil lembrarem-se do conceito de *feudo*. Mas o tratamento dado aos judeus era diferenciado, sim. Vejamos as razões para os casos daqueles que habitavam na Península Ibérica:

Em 1353, o rei D. Afonso IV promulgou uma lei obrigando os judeus a pagarem uma alta quantia anual denominada *Serviço Real dos Judeus*, à qual somou-se uma outra quantia no valor de trezentas mil libras anuais. Nestas comunidades viviam judeus ricos e "aristocratizados", pequenos lojistas, artesãos, letrados, corretores, cobradores de impostos e financistas. A maioria coesa vivia nos centros urbanos, explorando o pequeno comércio e a usura. Aqueles que habitavam a zona rural dedicavam-se às profissões de almocreves e tendeiros, sendo esses uma espécie de ambulantes que, carregando caixas com panos em seus muares, batiam de porta em porta oferecendo seus artigos[4].

---

4. Maria Luiza Tucci Carneiro, *Preconceito Racial em Portugal...*, *op. cit.*, pp. 29-32.

Até então, contrariando as restrições impostas pelos Concílios Ecumênicos – e que vigoravam em alguns países da Europa – os judeus radicados na Península Ibérica não usavam distintivos para se diferenciar dos cristãos. As relações de sociabilidade chegaram a ser prejudicadas pelas diferenças religiosas, sendo os judeus favorecidos pelos antigos forais que lhes garantiam certa mobilidade. Protegidos por determinações reais, os judeus gozavam muitas vezes de condição jurídica favorável, chegando a usufruir de certos privilégios. Mas nada era gratuito: por seus conhecimentos e experiência, eram reconhecidos como hábeis financistas e, como tais, foram chamados a ocupar cargos oficiais durante o reinado de Sancho II (1223-1248), contrariando as regras de exclusão impostas pelo Papa Gregório IX.

Tratados como grupo segregado e recebendo proteção especial do Estado, os judeus preservaram sua identidade prestando serviços especiais à Coroa e aos monarcas. O fato de usufruírem de certo *status* não condizente com a posição social imposta pela Igreja Católica gerou conflitos com o grupo dominante, além de estimular a antipatia do clero para com os judeus. Aqueles judeus que viviam mais próximos da realeza (pois ali prestavam serviços) habitavam ricas residências em Lisboa, vestiam trajes finos de seda e mantinham escravos mouros convertidos ao cristianismo.

No entanto, interessava ao clero e à elite dominante mantê-los como grupo diferenciado, pois assim podiam cobrar-lhes altos tributos.

Assim, as restrições instigadas pelo clero foram aplicadas por D. Afonso IV (1325-1357), que reafirmou em 1325 a lei que obrigava os judeus a usarem distintivos e os proibia de usar colares de ouro e prata. Em 1352, tirou-lhes o direito de emigrar e, no ano seguinte, organizou o fisco das comunas judaicas. Severas penas foram impostas à usura, por D. Pedro I (1357--1357), o que não impediu alguns judeus de manterem grandes fortunas. Mas atentem para este detalhe: alguns judeus, assim como alguns católicos. A grande população vivia miseravelmente, sem muitas regalias e amedrontada pelas pregações católicas que a ameaçavam com uma vida futura (após a morte) no Inferno. Para os pecadores hereges, a fogueira![5]

Tempos sombrios anunciavam que a situação dos judeus na Península Ibérica estava mudando para pior quebrando a imagem de que ali coexistiam povos de três religiões: católicos, judeus e muçulmanos. Desordens irromperam em Portugal quando, durante o reinado de D. Fernando (1397-1383), os judeus foram submetidos a maus tratos e as leis desrespeitadas. Com

---

[5] Meyer Kaiserling, *História dos Judeus em Portugal*, São Paulo, Pioneira, 1971, pp. 5, 7-10 e 22.

a morte do rei, assumiu como regente a viúva D. Leonor que – pressionada pela elite lisboeta – restringiu os privilégios dos judeus e destituiu grande número deles dos cargos públicos. Com a aclamação de D. João, Mestre de Avis, ao trono em 1385, os seguidores do judaísmo voltaram a viver um período de paz e tranquilidade, apesar da atuação contrária dos religiosos.

Na Espanha, a situação era mais grave: em 1391, surgiram ataques contra as judiarias e massacres de judeus. O terror se espalhou por Castela, Aragão, Catalunha, Valência e Sevilha. Os que não foram mortos por sua resistência religiosa viram-se obrigados a aceitar o batismo ou então a assumir nomes falsos, buscando refúgio em Portugal, onde receberam a proteção do rei D. João. Ali, um grupo continuou a servir como médicos e cirurgiões no palácio e a ser empregados como cobradores de impostos, por seus saberes e experiências que os distinguiam dos católicos[6]. Foram obrigados a habitar nas judiarias isoladas, mas dentro das muralhas da cidade.

Por ser o antissemitismo um fenômeno de longa data, cujas manifestações e motivos têm variado conforme a época e o local, os judeus mantiveram-se unidos por sua crença e tradição comuns. Esta união, em muitas situações, extrapola os princípios do judaís-

---

6. Albert Sicroff, *Les Controvers des Status de Pureté de Sang en Espagne du xv au xvii Siécle*, Paris, Libraire Marcel Didier, 1960, p. 9.

mo, para projetar-se como uma forma de defesa das comunidades judaicas no exílio. Distantes de sua terra de origem (a antiga Palestina), os judeus têm procurado "manter sua integridade enquanto povo apesar de todas as diversidades da diáspora, marcada por massacres, violações e pilhagem[7]. Por sua forte identidade comunitária os judeus são vistos como um "povo fechado em si mesmo", sendo acusados de formarem verdadeiros "quistos raciais", tornando-se "corpos estranhos à nação".

Desde o século xv ao xx – acompanhando a trajetória das narrativas – estas expressões tornaram-se típicas de um antissemita ou de um xenófobo nacionalista ou de um antissionista (se observamos os antissemitas neste século xxi), que interpretam este "fechamento" como uma forma de racismo [sic]. É como virar a história ao contrário, numa espécie de apagamento do processo de exclusão que obrigou os judeus a viverem isolados e marcados como párias, durante séculos. Mas, para aqueles que discriminam, é oportuno esquecer, negar e/ou "assassinar a memória", como escreveu Vidal-Naquet, em sua obra que nos ajuda a compreender a persistência e a dinâmica dos mitos[8].

---

[7] Rabino Y. David Weitman, "Introdução: O Significado Profundo da Dispersão e das Migrações do Povo Judeu", em *Recordações da Imigração Judaica em S. Paulo*, São Paulo, Maayanot, 2013, pp. 9-18.

[8] Pierre Vidal-Naquet, *Os Assassinos da Memória: Um Eichmann de Papel e outros Ensaios sobre o Revisionismo*, Campinas, Papirus, 1988.

A partir de 1933, o conceito de permissividade do povo judeu ganhou espaço no discurso dos nacional-socialistas na Alemanha que, através de aprimoradas estratégias propagandísticas articuladas pelo Ministério de Propaganda dirigido por Goebbels, irá reforçar a imagem de que os judeus vivem como "parasitas". Esta acusação vinha atrelada à ideia de que estes formavam verdadeiros *cancros* nas nações onde se fixavam, sendo diretamente associada à imagem de que os judeus, no sentido figurativo, corrompiam, corroíam e consumiam lenta e ocultamente a Nação. Com um vocabulário apropriado do discurso médico, os judeus eram identificados como "seres doentes", composição metafórica que é secular. Vale lembrar – retomando os mitos aqui analisados – que em diferentes momentos da Idade Média e da Idade Moderna, os judeus tiveram sua imagem identificada com o homem de negócios fraudulentos, que adora dinheiro e que era um fardo para os negociantes arianos. Da mesma forma eram apresentados como os responsáveis pela proliferação de doenças, dentre as quais a peste negra e a hanseníase.

Heresia, epidemia e judaísmo eram comumente empregados no discurso antissemita tradicional com o sentido de malignidade, permissividade, somando-se a outros estigmas[9]. Assim, foi assimilado pelos na-

---

9.   Yara Nogueira Monteiro, *Da Maldição Divina à Exclusão Social: Um Estudo da Hanseníase em São Paulo*, Tese de Doutorado em História

35. Fips, pseudônimo de Philipp Rupprecht, autor da imagem que denuncia as fraudes dos comerciantes judeus. Alemanha, 1936-1937.

cional-socialistas interessados em justificar a profilaxia exigida pela comunidade ariana: de *extermínio do câncro social* (no caso, os judeus), apelando para soluções radicais, eliminacionistas (*Solução Final*), sendo a "doença" diagnosticada como irreversível. Este

---

Social, Departamento de História, FFLCH, Universidade de São Paulo, 1995; Yara Nogueira Monteiro; Maria Luiza Tucci Carneiro, *As Doenças e os Medos Sociais*, São Paulo, Editora Unifesp, 2013.

é o tom dado pelo livro de Herman Esse (1900-1981), editor, propagandista e um dos principais aliados de Hitler, *Die Jüdische Weltpest* (*A Peste Mundial Judaica*), publicado em 1927 e, em edição ampliada, em 1939[10].

36. Autor não identificado, da imagem simbólica da peste que ilustra o livro de Herman Esser, *Die Jüdische Weltpest*, Münich, Zentralverlag der NSDAP, 1939 [Capa].

---

10. Herman Esser, *Die Jüdische Weltpest*, Munich, Zentralverlag der NSDAP, 1939.

MITO 8 | Os Judeus São Parasitas

Esta mesma versão do mito encontrou adeptos no Brasil onde o "vírus" desta doença foi identificado com a "chegada ininterrupta de levas de judeus refugiados do nazismo" e cuja infiltração no corpo social deveria ser combatida. Como? Fechando-lhes os portos e a possibilidade de obtenção de vistos. Eram vistos pela diplomacia em missão no exterior, principalmente, como "corpos estranhos à nação"que poderiam causar perturbações políticas, econômicas e sociais. Retomando a ideia de que estes judeus refugiados viviam às custas da exploração do Outro, o embaixador brasileiro em Berlim escreveu a Oswaldo Aranha, ministro das Relações Exteriores do governo Vargas:

São elementos negativos na comunidade pátria e dela só pretendem auferir benefícios. Nem servem, nem serviram ao Brasil, nem contribuem para a economia pública ou privada do país. São exploradores da nacionalidade, cujo sincero sentimento não têm, nem podem ter[11].

---

11. Ofício de Muniz de Aragão, embaixador do Brasil em Berlim, a Oswaldo Aranha, ministro das Relações Exteriores, Berlim, 26 abr. 1938. Ref. 511.14 (193). AHI/RJ.

MITO 9

Os Judeus Controlam a Mídia

O mito diz que os judeus controlam a mídia. Esta afirmação — segundo os antissemitas — integra o "Programa para a conquista do mundo pelos judeus", fio condutor dos Protocolos dos Sábios de Sião, *cujo conteúdo ainda se presta aos mais variados interesses políticos.*

Desde o seu aparecimento na Rússia czarista, os *Protocolos* espalharam a ideia de um complô secreto articulado pela comunidade judaica internacional para destruir o Cristianismo e estabelecer a fé mosaico-talmúdica como religião universal e, a partir daí, garantir a tomada do poder no mundo ocidental. Uma das primeiras explicações que vieram a público através da revista monárquica *Moskvu* (n.1) em 23 de setembro de 1919, foi a de que a Revolução Bolchevique "havia sido patrocinada por muitos milhões de dólares do banqueiro americano Schiff em nome do grupo nova-iorquino de Kuhn, Loeb e Co.". Tais informações teriam sido comprovadas, segundo o historiador Norman Cohn, através de um [falso] documento produzido pelo serviço secreto americano que citava Schiff (?) pelo fato deste ter sugerido aos Estados Unidos que acolhesse os judeus russos que fugiam dos *pogroms* de 1905[1].

A partir do ano de 1919, as inúmeras edições dos *Protocolos* passaram a incluir as acusações de que o complô secreto, além de judaico, era também comunista. Exemplares impressos em diferentes idiomas multiplicaram-se pela Inglaterra, Itália, França e Estados Unidos, com o objetivo de convencer os governos destas nações da importância de intensificarem suas intervenções na Rússia. A intenção que movia a narrativa era a de demonstrar que a Rússia não havia sido abalada por uma guerra civil e sim por uma conspiração internacional judaica. Em pouco tempo, os *Protocolos* – apesar de denunciados como falsos pelo *The Times*, em 1922[2] – foram publicados na Alemanha por Ludwig Müller (cujo pseudônimo era Gottfried zur Beck), capitão aposentado do exército e diretor da revista *Auf Vorposten*, conservadora e antissemita. Na França, os *Protocolos* foram difundidos graças ao Monsenhor Jouin, empenhado em difundir a ideia de uma "cruzada" contra o perigo judaico-maçônico. A partir desta largada editorial, o livro homônimo en-

---

[1]. Norman Cohn, *op. cit.*, pp. 138-139.

[2]. Os propagandistas dos *Protocolos* garantiam, segundo Norman Cohn, a autenticidade da publicação, valendo-se da indicação de que "na Biblioteca do Museu Britânico havia um exemplar original do livro de Nilus" [*sic*]. Norman Cohn, *op. cit.*, p. 151.

grossou o discurso antissemita que ganharia forças, a cada dia, na Europa Ocidental. Em Berlim, dois russos – Pyotr Nikolaevich Shabelsky-Bork e Fyodor Viktorivich Vinberg – se encarregariam de publicar o texto completo da edição de Nilus de 1911, transformando o fanatismo em obsessão, ou seja: a necessidade de desfazer-se dos judeus para impedir a proliferação da conspiração judaico-maçônico-bolchevique. A primeira edição dos *Protocolos* na Alemanha teria sido publicada em janeiro de 1920 com o título de *Die Geheimnisse der Weisen Von Zion* (*Os Segredos dos Sábios de Sião*), publicada pela Verband gegen die Ueberhebung des Judeuntums (Associação contra a Arrogância dos Judeus), dirigida por Gottfried zur Beck[3].

A ideia que predomina nos *Protocolos* é a de que uma rede mundial de organizações judaico-maçons vinha, desde o século XVIII, sendo articulada por um grupo de velhos sábios judeus de Sião. Segundo a narrativa, raros foram os intelectuais que escaparam de serem cooptados pelos judeus: Rousseau, Voltaire, Tolstoy, Gorki, os enciclopedistas etc. Todos pagos para articular uma revolução em nome dos judeus! As acusações, adaptadas e atualizadas a cada nova edição dos *Protocolos*, não têm limites: segundo sua narrativa, a Alliance Israélite Universelle era o conselho secreto

---

3.   Norman Cohn, *op. cit.*, pp. 140-142.

dos Sábios de Israel, a Primeira Guerra Mundial foi financiada pelos judeus e assim por diante, chegando, nas edições de 1991, por exemplo, a culpar os judeus pela corrupção, drogas, prostituição, AIDS etc.[4]

Segundo texto original dos *Protocolos* – traduzido e comentado em língua portuguesa por Gustavo Barroso, em 1936 – a imprensa mundial estava "comprada" pelos judeus, definidos como "força bruta e cega", "força mascarada" que manipula o povo "sem guia…" "enfraquecido pelo liberalismo". Enfim: são "homens [maus] guiados por suas paixões mesquinhas, suas superstições…", "uma espécie de anarquia que arruína o governo…", "excitados pela sede do poder…", "vermes que roíam a prosperidade dos não judeus…"[5]

Conscientes do papel da imprensa, os *Protocolos* propõem a criação de uma sociedade à "disposição dos nossos agentes internacionais, que têm milhares de olhos e que nenhuma fronteira pode deter…" Segundo os velhos Sábios de Sião:

> Os Estados modernos possuem grande *força criadora: a imprensa*. O papel da imprensa consiste em indicar as reclamações

---

4 *Protocolos dos Sábios de Sião*, Coleção Comemorativa do Centenário de Gustavo Barroso (5ª reedição), Porto Alegre, Editora Revisão, 1991. Ver lista completa de edições brasileiras em Maria Luiza Tucci Carneiro, *O Veneno da Serpente, op. cit.*, pp. 59-68.

5 *Idem*, pp. 86-87.

que se dizem indispensáveis, dando a conhecer as reclamações do povo, criando descontentes e seguindo seu órgão.

A imprensa *encarna a liberdade da palavra*. Mas, os Estados não souberam utilizar essa força e ela caiu em nossas mãos. *Por ela, obtivemos influência, ficando ocultos; graças a ela, ajuntamos o ouro em nossas mãos, a despeito das torrentes de sangue e de lágrimas que nos custou consegui-lo...*

Voltemos à imprensa. *Nós a gravaremos, como tudo quanto se imprima, com impostos em selo a tanto por folha e página, e com garantias*; os volumes de menos de trinta páginas serão *tributados com o dobro*. Registrá-los-emos na categoria das brochuras, primeiro para reduzir o número de revistas, que são o pior dos venenos, segundo porque essa medida obrigará os escritores a produzir obras mais longas, que serão pouco lidas, sobretudo por causa do seu custo.

A literatura e o jornalismo são as *duas forças educativas mais importantes*; por isso, nosso governo *será o proprietário da maioria dos jornais*. Assim, a *influência perniciosa* da imprensa particular será neutralizada e *adquiriremos enorme influência sobre os espíritos*. Se autorizarmos dez jornais, fundaremos logo trinta, e assim por diante.

A necessidade do pão quotidiano impõe silêncio aos cristãos e faz deles nossos humildes servidores. Os *agentes toma-*

dos entre eles para nossa imprensa discutirão por nossa ordem o que os convier fazer imprimir diretamente em documentos oficiais ...[6]

Expressiva da acusação de que os judeus dominavam a imprensa foi a Grande Exposição Antimaçônica organizada em Belgrado pelo governo fantoche sérvio de Milan Nedic em colaboração com os ocupantes alemães (22 de outubro de 1941 a 19 de janeiro de 1942). O pôster de propaganda do evento representa Arthur Hays Sulzberger, o editor judeu do *New York Times* de 1935-1961, rasgando a primeira página do jornal. O cartaz denuncia a influência judaica oculta que corrompia as notícias, fortalecendo a versão de uma suposta conspiração judaico-comunista-maçônica para alcançar a dominação mundial. Seguindo a lógica d'*Os Protocolos*, os judeus são retratados como a fonte de todo o mal e, como tais, deveriam ser destruídos, juntamente com países controlados por judeus, como a União Soviética e os EUA, e quaisquer grupos externos que se opusessem à Alemanha nazista.

Insistindo no controle da imprensa como uma forma para dominar os espíritos (leia-se: as consciências), os *Protocolos* nos deixaram um legado negativo: contribuíram (e ainda contribuem) para incitar o ódio e

---

6. *Idem*, pp. 100, 158, 159, 165 [grifo nosso].

37. "A Imprensa dos Estados Unidos Está 97% nas Mãos dos Judeus", título da *Grande Exposição Antimaçônica*. Belgrado (Sérvia) 1941.

fazer crer que os judeus dominam a mídia. Antigas edições continuam a ser veiculadas em "pdf" pela internet ou vendidas através dos "sebos". Em vários países inimigos de Israel, novas edições dos *Protocolos* continuam a ser publicadas, agindo como um dos veneros do antissemitismo contemporâneo. Dificilmente conseguiremos medir a influência perniciosa deste mito que cria armadilhas e interfere nas mentes dos menos informados.

Através da internet podemos ter acesso aos textos divulgados pela Radio Islam que insistem no fato de que a mídia nacional e internacional é dominada pelos judeus. Uma longa lista de nomes e empresas é constantemente atualizada com o intuito de divulgar a mentira e o negacionismo. A Radio Islam, por exemplo, preocupa-se em ressaltar que "alguns instrumentos da mídia internacional têm grande importância na formação da cabeça das pessoas daqui e lucram bastante no Brasil através dos aparelhos de TV a cabo…" Dentre os nomes mais conhecidos, cita: Walt Disney Company, Rede ESPN (como parte do império Disney), Time Warner, Inc., HBO (subsidiária da Time Warner), a loja Blockbuster Video, que distribui milhares de filmes no Brasil, as redes Showtime, MTV, Nickelodeon também pertencem à Viacom, Inc. Lembra ainda que os "judeus americanos nos presentearam com o desenho *Beavis e Butthead*, que ajuda a torrar a cabeça de milhares dos nossos jovens"[7].

Nas redes sociais como Facebook ou Twitter e em plataformas de vídeos como Youtube ou Dailymotion, podemos assistir sofisticados vídeos antissemitas divulgados com o objetivo de reforçar a ideia de que os sionistas controlam a mídia no Brasil, que os *Protocolos dos Sábios de Sião* são "verdadeiros e atuais", que os judeus são "animais assassinos" ou que "o Holocausto é uma grande mentira"[8]. Muitas destas afirmativas funcionam como estratégias políticas na luta contra a existência do Estado de Israel, discurso sustentado principalmente pelo islamismo radical.

---

7. Texto completo em http://www.radioislam.org/islam/portugues/poder/judeus_brasil.htm. Consultado em 10.09.2013.
8. Vídeo Dailymotion: "Sionistas Dominam a Mídia no Brasil": http://www.dailymotion.com/video/xyvq8v_sionistas-controlam-a--midia-do-brasil-israelitas-falsos-judeus-asquenazitas-jafetitas_animals;http://www.dailymotion.com/video/xyvu7u_os-protocolos--dos-sabios-de-siao-parte-7-de-7-nova-ordem-mundial-e-religioes_animals. Disponíveis em 11.09.2013.

MITO 10

Os Judeus Manipulam os Estados Unidos

O mito diz que os judeus e o governo de Israel manipulam os Estados Unidos, alimentando, sob esta argumentação, o mito do complô judaico internacional, o antissionismo e o antissemitismo. Esta narrativa é cumulativa e herdeira de acusações que ignoram um conjunto de fatos históricos que, desde o século XVII, aproximam os judeus da nação americana.

Pelo seu conteúdo, este mito – assim como tantos outros – nos oferece subsídios para escrever um ensaio sobre a "cegueira dos antissemitas" e sobre o processo de satanização dos Estados Unidos e de Israel. As imagens que representam este mito acabam por generalizar e omitir certos fatos históricos que permeiam as relações Estados Unidos/Israel, desconsiderando que entre estes dois países pairam convergências e divergências, como recentemente tem enfatizado Samuel Feldberg, historiador e professor de Relações Internacionais[1]. Importante lembrar que ambos os países têm uma identidade cultural e ideológica comum por defenderem valores democráticos e por

---

1. Samuel Feldberg, *Estados Unidos e Israel: Uma Aliança em Questão*. São Paulo, Hucitec, 2008. Ver: https://www.researchgate.net/publication/33760849_Estados_Unidos_da_America_e_Israel_uma_alianca_em_questao

serem herdeiros de tradições judaicas seculares. Não podemos menosprezar a presença marcante dos judeus nos Estados Unidos desde 1654, quando ali se estabeleceu a primeira comunidade judaica da América do Norte fundada por 24 judeus fugitivos de Recife – a maioria de origem sefaradita – que desembarcaram na ilha de Manhattan, aportando na colônia holandesa de Nova Amsterdã, um entreposto comercial da Companhia das Índias Ocidentais no Novo Mundo. Em março de 1655, mais cinco famílias e três homens solteiros chegaram a Nova Amsterdã diretamente da Holanda, seguidos de outras centenas. Apesar do Tratado de Breda (1667) lhes garantir liberdade religiosa, propriedade individual e comercial, os judeus estavam proibidos de construir sinagogas, tendo que pagar impostos para a Igreja Anglicana. Suas residências funcionavam como casas de oração para poderem formar os *minianim* e preservar suas tradições.

Às vésperas da Guerra da Independência dos Estados Unidos, os judeus ainda não podiam trabalhar em instituições públicas nem votar. Somente após a independência dos Estados Unidos, em 1776, é que os judeus americanos tiveram sua liberdade civil e religiosa assegurada pela Declaração de Independência, que reforçou a ideia de liberdade e justiça ao afirmar que "todos os homens são criados iguais".

A realidade desta relação, no entanto, extrapola o fato dos Estados Unidos defenderem Israel, os judeus ou o judaísmo. Por tradição – e não considero aqui uma questão a ser avaliada sobre o prisma do imperialismo ou do colonialismo – os Estados Unidos sempre defenderam valores universais como a liberdade religiosa, além de criticarem publicamente a recente escalada de ataques às minorias, dentre as quais as minorias islâmicas, como os xiitas e ahmadis na Indonésia e os baha'ís no Irã. Os Estados Unidos sempre defenderam a "liberdade de professar e praticar a fé – de acreditar, ou não acreditar, ou de mudar de crença – enquanto direito inato de todo ser humano, posição assumida em seus relatórios anuais sobre liberdade religiosa". Duras críticas têm sido feitas, por exemplo, à Arábia Saudita – outro aliado da nação americana – onde a liberdade religiosa é amplamente reprimida[2].

Podemos considerar que o mito de que "os judeus manipulam os Estados Unidos" apoia-se em três acusações básicas:

1) os judeus detêm um poder imenso e uma influência sem igual nos Estados Unidos;

---

2. "EUA Denunciam Escalada do Ódio Contra Judeus e Muçulmanos", em *Portal Terra*, 20 de maio de 2013. http://noticias.terra.com.br/mundo/estados-unidos/eua-denunciam-escalada-do-odio-contra-judeus--e-muculmanos,4dcaaa33a92ce310VgncLD2000000ec6eboaRCRD.html

2) o "*lobby judaico*" é um fator decisivo no apoio dos Estados Unidos a Israel;

3) os interesses judaico-sionistas não são idênticos aos interesses americanos, estando em constante conflito.

Revistando documentos diplomáticos, policiais e da literatura católica produzidos no século xx, encontramos exemplos que nos ajudam a conhecer o processo de construção desta narrativa. Basta retomarmos alguns dos mitos analisados neste breviário para constatarmos que há, sempre, a manipulação consciente de um conjunto de metáforas e analogias que oferecem suporte à mentira. A construção de tais argumentos demonstra que ainda somos herdeiros da lógica totalitária que durante o nazismo fundamentou-se nas diferenças étnicas e de classe para dominar grande parte da população, como analisou Hannah Arendt em seu clássico *O Sistema Totalitário*. Cumpre lembrar que a propaganda totalitária se fazia pautada por teorias conspiratórias e por uma realidade fictícia que serviam para seduzir as massas e justificar o extermínio dos judeus[3].

O mito de que "os judeus manipulam os Estados Unidos" tem correlação direta com a argumentação

---

3. Hannah Arendt, *O Sistema Totalitário*, Lisboa, Dom Quixote, 1968.

utilizada pelos nacional-socialistas com o objetivo de demonstrar que a "judiaria mundial" conspirava contra a Alemanha, associada aos Estados Unidos. Esta abordagem foi dada por Wolfgang Diewerge, membro do Conselho e chefe da Divisão de Rádio do Ministério de Propaganda e Esclarecimento Popular, em uma brochura de sua autoria com o título *O objetivo da guerra da plutocracia mundial. Publicação documentária sobre o livro do Presidente da Associação Americana pela Paz, Theodore Nathan Kaufman, 'A Alemanha deve perecer' ('Germany must perish')*". Kaufman é apresentado como uma das lideranças judaicas, sendo bastante conhecido nos Estados Unidos como uma pessoa integrada ao grupo de conselheiros de Roosevelt. O intuito propagandístico deste escrito, segundo análise apresentada por Enrique Luz, era de "esvaziar o sentido da reunião dos líderes aliados, transformando-os em uma maquinação judaica". Esta acusação foi retomada através do panfleto intitulado *Nunca!* [*Niemals!*], de autoria de Heinrich Goitsch, publicado em outubro ou novembro de 1944, com uma tiragem de cerca de 400 mil exemplares[4].

Numa verdadeira inversão de propósitos e ações genocidas, o panfleto alerta o povo alemão para aquele momento de derrota e sofrimento causado pelos ju-

---

4. Enrique Luz, *op. cit.*

deus que, desde os tempos bíblicos até o presente, haviam assassinado vários povos:

O povo alemão deve saber que, naquele momento, um sofrimento inimaginável se abateria sobre nós, alemães. Seríamos desarmados, ocupados, espoliados economicamente, divididos em pequenos estados, dominados e governados pelos bolchevistas, americanos e ingleses, obrigados a enviar dez milhões de homens alemães à União Soviética e a outros países para [realizarem] trabalhos forçados, obrigados a enviar nossas crianças, nossos bens mais preciosos, para todo o mundo, esterilizados por médicos judeus, castrados, tornados estéreis, para que o povo alemão venha literalmente a perecer em algumas poucas décadas, obrigados a renunciar ao ideal nacional-socialista que carregamos no fundo de nossos corações como o ideal do século.

Esta acusação de que os judeus manipulavam os países aliados durante a Segunda Guerra foi impressa em um pôster publicado na França ocupada em 1942. Por trás das bandeiras destes países, emerge a figura de um gordo judeu, elegantemente vestido, demonstrando ser um homem de grande influência política e de importante posição econômica. Como na maioria das imagens de propaganda nazista, uma estrela de davi – só que desta vez pendurada em uma corrente de relógio – o identifica como judeu, não ortodoxo, adaptado à vida americana. Duas bandeiras (dos EUA e da URSS) formam uma espécie de cortina usada para acobertar o ilustre senhor que por ali espreita, poderoso, aguardando para entrar em cena[5].

Esta narrativa persiste e foi reabilitada pelo novo antissemitismo que reverbera o ódio e a intolerância neste século XXI. Seus adeptos apropriam-se, no dia a dia, de acusações pan-arabistas, antissionistas e antiamericanistas que encontram eco nos conflitos entre Israel e Palestina. Este discurso sobrevive, em grande parte, alimentado por vídeos, fotografias, *cartoons* e textos jornalísticos com opiniões generalizadas sobre a crise no Oriente Médio que tem nos Estados Unidos um tradicional mediador.

Retomando alguns registros históricos: em junho de 1937, o diplomata Oswaldo Aranha (1894-1960) – então embaixador do Brasil nos Estados Unidos entre 1934 e 1937 – escreveu a Getúlio Vargas comentando sobre a Guerra Civil Espanhola (1936-1939). Apesar de ser visto, ainda hoje, como americanófilo, ou seja, um árduo defensor das relações brasileiras com os Estados Unidos e além de ter se tornado amigo pessoal do presidente Roosevelt, Aranha insistia na ideia de que *"existia uma força*

---

5. *Idem.*

internacional que, mais rica, mais ativa e mais astuta, acabaria dominando os americanos". Esta força, na sua opinião, nada mais era do que o Judaísmo, que estava dominando os Estados Unidos, e que levaria o país para o lado onde estivesse o interesse dos judeus. Concluiu que tudo era "obra da opinião judia e da pressão operária", acusação em voga nos discursos dos grupos de direita e de vários intelectuais católicos brasileiros[6].

A imagem dos Estados Unidos representada pela figura caricata do "Tio Sam" – enquanto protetor dos judeus – foi uma constante nas revistas ilustradas brasileiras das décadas de 1930 e 1940, dentre as quais a *Careta*. Na capa do exemplar de 30 de abril de 1938, por exemplo, a figura do "Tio Sam" espreita, sem comprometimento aparente, um grupo de israelitas que, atracos, abrigam-se embaixo de um grande guarda-chuva representado com o desenho das bandeiras dos países latino-americanos, dentre os quais o Brasil. O título desta charge é "Seio de Abrahão", remetendo o leitor à rede de relações entre Estados Unidos e os judeus. Do lado de fora da cena, o "Jeca brasileiro"[7]

---

6. *Cartas de Oswaldo Aranha, Embaixador do Brasil nos Estados Unidos, a Getúlio Vargas, Presidente do Brasil*. Washington, 10.05.1937, 19.05.1937 e 4.6.37, p. 2. Pastas OA 37.05.19; OA 37.05.19; e OA 37.06.04/3. CPDOC/RJ. [Grifo nosso]

7. Assim como *Macunaíma* – personagem do romance homônimo de Mário de Andrade – a figura do *Jeca Tatu* transformou-se em um dos

— representação inspirada na figura estereotipada do caboclo pobre e ignorante que vive no interior brasileiro — dialoga com "Jacob" (um refugiado judeu com nariz adunco e olhos de "ave de rapina"), elogiando a camaradagem dos Estados Unidos que, naquele momento, incentivava na Liga das Nações o acolhimento dos judeus expulsos e/ou perseguidos pelo nazismo. A legenda ironiza o fato, com o seguinte comentário: "Sim, sim, mas o guarda-chuva não é dele!" A temática dos Estados Unidos enquanto nação protetora dos judeus é retomada alguns meses depois pelo mesmo periódico que, na capa, apresenta crianças, velhos e adultos imigrantes entre malas, utensílios, roupas e baús, acotovelando-se em busca de espaço dentro do chapéu e do guarda-chuva do "Tio Sam". A incerteza e a angústia marcam o olhar sem direção dos personagens judeus criados pelo cartunista J. Carlos[8].

ícones da brasilidade. Idealizado por Monteiro Lobato, reconhecido escritor e editor brasileiro que, em 1914, publicou no jornal *O Estado de S. Paulo* o artigo "Urupês", referindo-se a este personagem como uma "praga" a ser combatida por incendiar as matas brasileiras, por ser ignorante, preguiçoso e parasita. Em 1918, Jeca Tatu foi utilizado como personagem-símbolo da campanha sanitarista no interior do Brasil, servindo também para ilustrar as campanhas publicitárias do milagroso fortificante Biotônico Fontoura.

8. Revista *Careta*, Rio de Janeiro, n. 1558, abr. 1938 [capa]; n. 1591, dez. 1938 [capa]. Acervo Tucci/sp.

38. "No Seio de Abrahão", Revista *Careta*. Rio de Janeiro, 30 de abril de 1938, n. 1558 [Capa].

39. Hanisc, autor do pôster intitulado "Por Trás dos Poderes do Inimigo: o Judeu", *c.* 1941-1942.

Na década de 1990, a reverberação deste mito pode ser identificada nos escritos do escritor revisionista Siegfried Ellwanger Castan (1928-2010), que, em várias de suas obras, reproduz a lógica racista e conspirativa adotada pelos grupos de extrema-direita. Castan foi um insistente defensor do mito da conspiração judaica capitaneada pelos EUA para a destruição do mundo[9].

Nem mesmo o fatídico 11 de setembro escapou do discurso antissemita, disfarçado de antiamericanismo. Logo após o atentado terrorista ao World Trade Center e ao Pentágono em 2001, vários intelectuais, jornalistas e universitários brasileiros celebraram o terror com boas doses de antissemitismo. Ao tentarem revelar a vulnerabilidade do imperialismo americano e acusar

---

9. Em 1986 Siegfried Ellwanger Castan foi denunciado à Coordenadoria das Promotorias Criminais de Porto Alegre por instigar o ódio através de suas obras publicadas pela editora Revisão, de sua propriedade. De sua autoria: *Holocausto Judeu ou Alemão?*, *Nos Bastidores da Mentira do Século*, do próprio Castan, *Hitler Culpado ou Inocente?*, de Sérgio Oliveira e *Os Protocolos dos Sábios de Sião*, prefaciado por Gustavo Barroso. Novas denúncias em 1990 levaram à instauração de inquérito policial, remetido ao Ministério Público e, em 1995, foi julgado e absolvido em primeira instância. Um ano depois foi condenado por unanimidade pelos desembargadores da 3ª Câmara Criminal do Tribunal de Justiça do Estado do Rio Grande do Sul. Uma nova denúncia foi recebida em 1998, culminando com a sua condenação a dois anos de reclusão por crime de racismo. Castan então recorreu, argumentando que os judeus são uma etnia, e não uma raça, e que, portanto, antissemitismo não é racismo. Seu recurso, porém, foi negado, e a condenação foi reiterada pelo STF em 2003.

Israel de "terrorismo" e "genocídio", estes cidadãos quebraram um dos ovos da serpente. O impacto estético das torres perfuradas pelos aviões extrapolou o conceito do ato terrorista. Dentre os boatos que circulavam sobre o ocorrido cheguei a ouvir, da parte de um grupo de universitários, que os judeus e Israel estavam envolvidos naquele ato, visto que, naquele dia 11 de setembro, "vários membros da comunidade judaica não haviam ido trabalhar ao World Trade Center", explicando assim o pequeno número de judeus mortos no atentado.

Acusações como estas servem para diabolizar, ainda mais, os Estados Unidos, Israel e os judeus, valendo-se de imagens que mostram o sofrimento do povo palestino, principalmente através de fotografias, muitas vezes manipuladas e descontextualizadas. Soma-se aqui o conceito distorcido de sionismo usado de forma generalizada pela mídia que apresenta Israel como a "ponta de lança do imperialismo *yankee* no Oriente Médio, mero instrumento para opressão do povo árabe pelos americanos", como muito bem definiu Moisés Storch em artigo publicado em 20 de setembro de 2001[10]. A seu ver, a imprensa ignora certos fatos histó-

---

10. Moisés Storch, "A Satanização dos Estados Unidos e de Israel e a Manipulação do Sofrimento Palestino", publicado em 20 de setembro de 2001 no site *Paz Agora*. http://www.pazagora.org/2001/09/a-satanizacao-dos--estados-unidos-e-de-israel-e-a-manipulacao-do-sofrimento-palestino/

ricos e, de forma apressada, acaba usando a população árabe da Palestina, no decorrer de mais de meio século de sua sofrida história, como bucha de canhão para os interesses dos regimes mais autoritários e reacionários árabes. Storch faz um contraponto entre a ideologia sionista e a ideologia pan-arabista, sendo esta

> [...] desenvolvida para perpetuar sua opressão sobre vastas populações despossuídas e oprimidas por pequenas mas poderosas elites e castas – tem manipulado seus sistemas de (des)informação e (des)educação para atribuir à "entidade sionista" (o "Pequeno Satã") e aos Estados Unidos (o "Grande Satã"), a origem de todos os males, desviando a atenção das populações das reais origens de sua miséria[11].

O governo do Irã tem enfatizado, de forma persistente e perigosa, as relações entre os Estados Unidos e o Estado de Israel, valendo-se do humor e do sarcasmo para reforçar os mitos antissemitas. Expressivas desta incitação ao ódio são as charges apresentadas no concurso e a exposição inaugurada no Museu Palestina, em Terã, no dia 15 de agosto de 2006. Sob a curadoria de Masud Shoyai Tobatai, diretor da Casa da Caricatura do Irã, foram selecionados 204 trabalhos de autoria de chargistas de diferentes países: Brasil,

---

11. *Idem*.

Bélgica, Bulgária, Canadá, EUA, Inglaterra, Itália, Espanha, Holanda e Noruega, dentre outros. Cumpre citar a participação do italiano Alessandro Gato, do americano Matt Gaver, do russo Raul Erkimbaiev e do brasileiro Carlos Latuf.

A demonização dos Estados Unidos e do Estado de Israel fica explícita na charge do russo Raul Erkimbaiev, composta por um judeu (simbolizando o Estado de Israel) e uma "Estátua da Liberdade" (simbolizando os Estados Unidos). Ambos os personagens têm mãos configuradas no formato de garras, traços que lhe atribuem uma identidade animalesca, monstruosa. O judeu, figura em primeiro plano, caminha cuidadosamente na ponta dos pés, lançando bombas sobre uma cidade delineada por vários templos religiosos. Em um dos braços, traz uma faixa sinalizada pelo símbolo de uma engrenagem que nos remete a uma suástica nazista. Sua feição foi totalmente deformada pelo nariz exageradamente adunco, lábios grossos e com olhos saltados, como se fosse uma ave de rapina. Veste um capacete do qual saem duas *peiot* (plural da palavra hebraica *pe'ah* que designa os cachos de cabelos laterais característicos dos judeus ortodoxos), finalizadas em formato de pontas de lança. À direita, vários prédios em ruínas e um cemitério completam o cenário de tragédias e mortes. Os escuros rolos de fumaça se diluem para formar a "Estátua da Liberdade" que emerge por detrás do judeu (Israel), firmando a imagem de Israel como "ponta de lança do imperialismo *yankee* no Oriente Médio"[12].

40. Raul Erkimbaiev, caricaturista, autor da charge antissemita apresentada no concurso e exposição organizados pela Casa da Caricatura do Irã, com curadoria de Masud Shoyai Tobatai, no Museu de Arte de Teerã, 2006. A segunda mostra foi inaugurada em 14 de junho de 2016.

12. *Idem, ibidem*.

A "Estátua da Liberdade", coroada pelo diadema de sete espigões, teve seus símbolos cuidadosamente deturpados pelo autor da charge: a tradicional tocha foi desenhada com o formato de um osso em chamas que ajuda a incendiar as bombas lançadas por Israel. O livro que segura em sua mão esquerda está identificado como o *Talmud*, completando assim os três símbolos maçônicos idealizados por Frédéric Auguste Bartholdi, o escultor da verdadeira Estátua da Liberdade (inaugurada em 1886 e oferecida aos Estados Unidos como um presente dos franceses): a tocha, o livro e o diadema de sete espigões.

Ignorar e manipular os fatos históricos fazem parte da estratégia discursiva dos criadores de mitos, que não hesitam em inventar situações para, desta forma, fixar as suas mensagens e desviar as atenções para outros focos de tensão. Samuel Feldberg, aqui citado, dá alguns exemplos nesta direção, ao demonstrar que as relações entre Estados Unidos e Israel somente se estreitaram "após a Guerra dos Seis Dias, em 1967, e dentro do contexto da Guerra do Vietnã e da Doutrina Nixon, quando os Estados Unidos passaram a apoiar várias regiões do mundo, mas sem envio de tropas". Como exemplos destas divergências, cita um conjunto de fatos: que o Presidente Truman enfrentou forte oposição do Departamento de Estado e do Pentágono, apesar dos Estados Unidos ter apoiado a criação do

MITO 10 | Os Judeus Manipulam os Estados Unidos

Estado de Israel; de Israel ter lutado com armamento francês na Guerra dos Seis Dias; e que em 1973, na Guerra do Yom Kippur, os americanos apoiaram Israel somente para contrabalançar o apoio da ex-URSS aos árabes; e que os Estados Unidos teriam pressionado e impedido Israel de reagir durante a Guerra do Golfo, em 1991, quando o Iraque lançou mísseis contra o seu território[13].

Fatos como estes servem para fortalecer as acusações de que os judeus – por seu poder conspiratório e capacidade de liderança – manipulam os Estados Unidos sustentando em Washington um *lobby* pró-Israel. Volta a circular a tradicional acusação do antissemitismo moderno de que os judeus formam um "Estado dentro do Estado", expressão identificada nos discursos inquisitoriais acionados para justificar a perseguição aos judeus na Península Ibérica entre os séculos xv e xviii, principalmente. Em pleno século xxi, constata-se que ocorre uma inversão na abordagem acusatória, atualizando o mito: afirma-se que os Estados Unidos é que são manipulados pelos judeus, dirigidos por uma organização ultrassecreta chamada *Kahila* ou "cérebro diabólico", composta pelos trezentos diabos ou re-

---

13. Samuel Feldberg, "Israel e EUA", palestra proferida durante o *Ciclo Israel e o Mundo*, no Centro da Cultura Judaica, São Paulo, 10.09.2013. Cf. https://coletivojudaico.wordpress.com/category/centro-de-cultura-judaica/page/2/

presentantes de Satã, segundo versão propagada por Fahti-el-Ibyari. Segundo Blima Sorj, uma das principais estudiosas do antissemitismo no século XXI, este fluxo de imagens estereotipadas sobre os judeus é produzido, principalmente, pelos meios de comunicação da Arábia Saudita, do Jordânia, do Líbano e do Egito. Estes países concentram suas críticas nos judeus, procurando desviar as atenções do mundo ocidental para outros focos de tensão, evitando assim a crítica interna aos regimes políticos vigentes[14].

Os propagadores deste mito costumam omitir o fato de que grande parte dos americanos identificam-se com os valores éticos e morais defendidos pelo judaísmo dentre os quais: os ideais de justiça, beneficência, dignidade humana e democracia. Lembramos que os Estados Unidos abriga, desde séculos passados, a maior comunidade judaica do mundo fora de Israel, sendo que os primeiros judeus ali chegaram em 1654 com o objetivo de criar raízes. Nas décadas de 1930 e 1940, os refugiados do nazismo e, no pós-guerra, os sobreviventes do Holocausto e judeus fugitivos de países árabes, encontraram abrigo em terras americanas, integrando-se aos mais diferentes segmentos da sociedade. Atualmente, aproximadamente cinco milhões

---

14. *Apud* Blima Sorj, "O Antissemitismo na Europa Hoje", http://www. scielo.br/pdf/nec/n79/05.pdf.

de judeus vivem nos Estados Unidos, concentrando-se em Nova York que, também, abriga a segunda maior sinagoga do mundo. Portanto, é secular a ligação dos judeus com os Estados Unidos.

REPRESENTAÇÃO
DO MITO

ICONOGRAFIA

1. *Der Stuermer: Deutsches Wochenblatt zum Kampfe und die Wahrheit* – Julius Streicher, Nuremberg, May 1939, p. 1. United States Holocaust Memorial Museum, cortesia de Virginius Dabney. ID: Collections: 1990.29.33

2. *Der Stuemer*, Nuremberg [Bavária, Alemanha], 15 de outubro de 1937. United States Holocaust Memorial Museum, cortesia de Gerard Gert. Disponível em: https://collections.ushmm.org/search/catalog/pa1120753

3. *A Queima de Judeus na Bavária*. Ilustração de Michael Wolgemut e Wilhelm Pleydenwurff, reproduzida de Hartmann Shedel, *Liber Chronicarum*, 1493, p. 533. Biblioteca Estatal da Baviera/Biblioteca Mundial Digital, www.wdl.org/pt/item/410.

4. Leonardo da Vinci. *A Última Ceia,* 460 × 880 cm, 1498. Técnica mista com predominância da têmpera e óleo sobre duas camadas de preparação de gesso aplicadas sobre o re-

Eco (estuque). Refeitório do Convento de Santa Maria delle Grazie, Milão, Itália.

5. Giotto. *O Beijo de Judas,* afresco, 200 × 185 cm, 1304-1306, n. 31. Cenas da vida de Cristo. Scrovegni de Capella de Scrovegni, Pádova, Itália.

6. *Le Baiser de Judas*, de Jean Bourdichon, *c.* 1505, que integra *Les Grandes Heures d'Anne de Bretagne*. Biblioteca Nacional da França.

7. Simão Rodrigues, *O Beijo de Judas,* 1605-1607, óleo sobre tela, 67,5 x 82,0 cm. Proveniência: Paço Episcopal de Leiria. Museu de Leiria, Portugal.

8. Fips, pseudônimo de Philipp Rupprecht. Caricatura antissemita publicada pelo jornal *Der Stürmer* com a imagem do "judeu traidor". Nuremberg, [Bavária] Alemanha, 14 de agosto de 1936. United States Holocaust Memorial Museum, cortesia de Helen Fagin, ID: Collections: 1990.89.1. Disponível em: https://collections.ushmm.org/search/catalog/pa1093181. Acesso em: 10.08.2019.

9. V. T. "Judas", *Presidente da Província de Pernambuco*, 26,0 × 38,0 cm. *América Illustrada, Jornal Humorístico*, Typographia Americana, Recife, 13 de julho de 1879, ano IX, n. 27, p. 4. Hemeroteca, Arquivo Público de Pernambuco/PE; e Acervo Graça Ataide / Recife / PE.

10. Autor não identificado. *Mapa-múndi Ilustrado com Símbolos Maçons*. Pôster n. 64 da série "Erbiehre und Rassen-

kunde" (Theory of Inheritance and Racial Hygiene). Stuttgart, Nationale Literature, *c*. 1935. PD-Art.

11. Autor não identificado. Imagem que ilustra a capa do livreto *La Masoneria en Accion*, um dos títulos da coleção Ediciones Toledro. Madrid, 1941, 71 pp. Acervo Tucci/SP.

12. "El Judaismo", ilustração do livro *La Garra del Capitalismo Judio*, autor não identificado. Madrid. Ediciones Toledo, 1943. Biblioteca Nacional de España.

13A. Matrizes do mito publicadas no Brasil: *A Maçonaria Seita Judaica*, de I. Bertrand, traduzido por Gustavo Barroso (1938), Capa; **13B.** *Judaísmo, Maçonaria e Comunismo,* de Gustavo Barroso (1937), Capa. Acervo Tucci/SP.

14. Fips, pseudônimo de Philipp Rupprecht, desenho publicado no livro *Der Giftpilz: Erzahlungen* [*The Poisonous Mushroom*], de Ernst Ludwig Hiemer. *Der Stürmer*, Alemanha, 1938. United States Holocaust Memorial Museum. Collections: 1988.25.1. Disponível em: https://collections.ushmm.org/search/catalog/pa1069708. Acesso em 06.08.2019.

15. Diabolização do judeu na página do livro infantil alemão antissemita, *Trau Keinem Fuchs*..., de Elvira Bauer – *Der Stürmer*. Alemanha, 1936. United States Holocaust Memorial Museum. Disponível em: https://collections.ushmm.org/search/catalog/pa1069743. Acesso em: 10.09.2019.

16. C. Léandre, caricaturista francês autor da imagem "Rothschild", 1898, publicada por Eduard Fuchs, *Die Juden in* *de Karikatur: ein Beitrag zur Kulturgeschichte*, França, Albert Langen, 1921.United States Holocaust Memorial Museum. Disponível em: https://collections.ushmm.org/search/catalog/pa1041697.

17. A G. autor da imagem diabolizada dos judeus que ilustra a capa do livro *Os Judeus do Cinema*, de Oswaldo Gouveia. Rio de Janeiro, Graphica São Jorge, 1935. Acervo Tucci/sp.

18. Autor não identificado. Imagem estigmatizada do judeu representado como comunista, sanguinário e ganancioso. Capa do livro *O Antissemitismo de Hitler*, de Brasilino de Carvalho, Bahia, s.e., 1934. Acervo Tucci/sp

19. *Brasil, Colônia de Banqueiros*, de Gustavo Barroso. Rio de Janeiro Civilização Brasileira, 2 ed., 1934. Capa. Acervo Tucci/sp.

20. Belmonte. *O Perigo Mysterioso...* Desenho reproduzido de sua obra *Ideias de Ninguém*, Rio de Janeiro, Livraria José Olympio Editora, 1935. Versão para eBooksBrasil, Fonte Digital.

21. Fips, pseudônimo de Philipp Rupprecht. Caricatura colorida "Você o Conhece?", Alemanha, 1933-1939. United States Holocaust Memorial Museum, cortesia Salo Kluger. ID: Collection: 1992.66.1. Disponível em: https://collections.ushmm.org/search/catalog/pa1126743. Acesso em: 08.08.2019.

22. Autor não identificado. "Social Democracia, no Espelho da Verdade", caricatura publicada pela revista *Kikeriki*. Viena, Áustria, 1920. No espelho temos um judeu segurando uma bolsa de dinheiro, dentro da sua jaqueta há um en-

velope marcado "coleções" e no espelho está escrito "a raça nobre". Eduard Fuchs, *Die Juden in der Karikatur: ein Beitrag zur Kulturgeschichte*. Albert Langen, 1921. United States Holocaust Memorial Museum. Disponível em: https://collections.ushmm.org/search/catalog/pa1041752

23. Autor não identificado. Imagem do "Judeu Eterno" exposta na porta de entrada da estação ferroviária de Viena (Áustria), 2 de agosto de 1938. United States Holocaust Memorial Museum, cortesia de Morris Rosen. Disponível em: https://collections.ushmm.org/search/catalog/pa1129063. Acesso em: 10.08.2019.

24. Fips, pseudônimo de Philipp Rupprecht, autor da imagem que ilustra o livro infantil alemão antissemita, *Der Giftpilz* (*O Cogumelo Venenoso*), de autoria de Ernst Ludwig Hiemer. A legenda diz: "Assim como muitas vezes é muito difícil dizer o venenoso dos cogumelos comestíveis, muitas vezes é muito difícil reconhecer os judeus como ladrões e criminosos..." Nuremberg [Bavária], Alemanha, 1935. United States Holocaust Memorial Museum, ID: Collections: 1988.25.1. Disponível em: https://collections.ushmm.org/search/catalog/pa1069700. Acesso em: 10.08.2019.

25. James Albert Wales, *Os Escravos dos Judeus*, 9 dezembro de 1882. Cromolitografia. Library of Congress Prints and Photographs Division Washington, D.C.

26. O "Faz Tudo", charge publicada na revista *Careta*, outubro 1936 [capa]. Acervo Tucci/SP.

27. Gustave Doré, "The Wandering Eternal Jew". França, 1852. Reeditado em uma publicação antissemita de Eduard Fuchs,

Die Juden in der Karikatur: ein Beitrag zur Kulturgeschichte, Albert Langen, 1921. Copyright: United States Holocaust Memorial Museum. Disponível em: https://collections.ushmm.org/search/catalog/pa1041714. Acesso em: 10.08.2019.

28. Charles François Pinot (1917-1979), *O Verdadeiro Retrato do Judeu Errante* (*Le Vrai Portrait de Juif-Errant*), gravura, Epoinal, Vosges, França, *c.* 1857. Museu d'art et d'histoire du judaísme. Paris, França [nº inv. 94.23.003]. Disponível em: https://www.mahj.org/en/decouvrir-collections-betsalel/le--vrai-portrait-du-juif-errant-52482. Acesso em: 10.08.2019.

29. *Véritable Complainte du Juif-Errant* (Imagerie d'Épinal), n. 5 bis, 238 x 260 mm, Folhetim publicado na França, *c.* 1880, Pellerin & Cie. Acervo Tucci/sp.

30. François Georgin, *Le Juif-Errant* (Imagerie d'Épinal), gravura, *Perhinderion I*, 1896, Spencer Museum of Art. Purchase; The Letha Churchill Walker Memorial Art Fund, 1997.

31. Udo Keppler, "The Wandering Jew". Cromolitografia, *Puck*, v. 48, n. 1244, 9 janeiro de 1901. Ills. In AP101.P7 1901, Library of Congress Prints and Photographs Division, Washington, D.C.

32. "O Judeu Errante", adaptado para o livro infantil alemão antissemita, *Trau Keinem Fuchs...*, de Elvira Bauer – *Der Stürmer*. Alemanha, 1936. Legenda: "Não confie em nenhuma raposa no campo verde, e nem na palavra jurada de um judeu". United States Holocaust Memorial Museum. Disponível em: https://collections.ushmm.org/search/catalog/pa1069747. Acesso em: 10.09.2019.

33. Autor não identificado, "O Judeu Errante", desenho publicado em *Shanghai Evening Post* retratando a situação dos refugiados judeus na Ásia. Xangai, [Kiangsu] China, 1941, 04 de fevereiro de 1941. United States Holocaust Memorial Museum, cortesia de Eric Goldstaub. https://collections.ushmm.org/search/catalog/pa1083443

34. Fips, pseudônimo de Philipp Rupprecht, autor da imagem que ilustra o livro infantil alemão antissemita, *Der Giftpilz: Erzahlungen (O Cogumelo Venenoso)*, de Ernst Hiemer, cujo texto acusa os judeus de racistas. Legenda: "No Talmud está escrito o seguinte ensinamento: 'Somente o judeu é humano. Não-judeus não são chamados humanos, eles são vistos como animais', e porque nós judeus consideramos que os não-judeus são animais, nós nos referimos a eles apenas como Goy". Nuremberg [Bavária], Alemanha, 1935. United States Holocaust Memorial Museum, ID: Collections: 1988.25.1. Disponível em: https://collections.ushmm.org/search/catalog/pa1069706. Acesso em: 10/09.2019.

35. Fips, pseudônimo de Philipp Rupprecht, autor da imagem que denuncia as fraudes dos comerciantes judeus. Legenda: " Você tem pessoas que fazem isso para você também. Mas não era para ser assim!" Alemanha, 1936-1937. United States Holocaust Memorial Museum, cortesia de Alex Kertesz. Disponível em: https://collections.ushmm.org/search/catalog/irn8224. Acesso em: 10.09.2019.

36. Autor não identificado, da imagem simbólica da peste que ilustra o livro de Herman Esser, *Die Jüdische Weltpest*, Münich, Zentralverlag der NSDAP, 1939 [Capa]. Acervo Tucci/SP.

37. "A Imprensa dos Estados Unidos Está 97% nas Mãos dos Judeus", título da *Grande Exposição Antimaçônica*. Belgrado (Sérvia) 1941. United States Holocaust Memorial Museum, cortesia da Família Katz. Disponível em: https://collections.ushmm.org/search/catalog/irn542645. Acesso em: 10.08.2019.

38. "No Seio de Abrahão", Revista *Careta*. Rio de Janeiro, 30 de abril de 1938, n. 1558 [Capa]. Acervo Tucci/sp.

39. Hanisc, autor do pôster intitulado "Por Trás dos Poderes do Inimigo: o Judeu", *c.* 1941-1942, onde o judeu é um conspirador que trama a dominação do mundo agindo nos bastidores de nações em guerra com a Alemanha. Essa caricatura representa o "financista judeu" manipulando os Aliados, a Grã-Bretanha, os Estados Unidos e a União Soviética. United States Holocaust Memorial Museum, cortesia de Helmut Eschwege. ID Coleções: 1990.193.9. Disponível em: https://collections.ushmm.org/search/catalog/irn2910. Acesso em: 10.09.2019.

40. Raul Erkimbaiev, caricaturista, autor da charge antissemita apresentada no concurso e exposição organizados pela Casa da Caricatura do Irã, com curadoria de Masud Shoyai Tobatai, no Museu de Arte de Teerã, 2006. A segunda mostra foi inaugurada em 14 de junho de 2016.

FONTES

Obras

Alves, Castro. *Vozes da África*. São Paulo, 11 de junho 1866.

Alighieri, Dante. *A Divina Comédia*. Trad. José Pedro Xavier Pinheiro. São Paulo, EBook Brasil, 2003.

Assuero, Ludwigsburg, Nast, 1834. Original em alemão disponível na Biblioteca da Universidade de Princeton. http://www.worldcat.org/title/ahasverus/oclc/43074199

Bertrand, I. *La Franc-Maçonnerie Sect Juive*. Paris, Blound, 1903.

Bloy, León. *Le Salut par les Juifs*. Paris, Librairie Adrien Dersay, 1892

Barroso, Gustavo. *Roosevelt, es Judio*. Tradução de Mario Buzatto e Introdução de Hector de Herze. Buenos Aires, La Mazorca, 1938 (Cuadernos Antijudios).

_____. *A Sinagoga Paulista*. 3. ed. Rio de Janeiro, ABC, 1937.

_____. *Coração de Menino*. Rio de Janeiro, Getulio M. Costa Editor, 1939.

Os Protocolos dos Sábios de Sião. Coleção Comemorativa do Centenário de Gustavo Barroso. Porto Alegre, Revisão, 1989, p. 17 (1ª reedição 1991).

BAUMAN, Zigmunt. *Life in Fragments: Essays in Postmodern Morality*. Oxford, Blackwell, 1995.

BERTRAND, I. *Maçonaria, Seita Judaica: Suas Origens, Sagacidade e Finalidade Anticristãs*, 1. ed. 1903. Trad. e Prefácio de Gustavo Barroso. São Paulo, Minerva, 1934.

CATÁLOGO de Propaganda de Livros (n. 1), de *A Sementeira*, confiscado e anexado ao Pront. n. 581, da Delegacia Regional de Polícia de Jundiaí, vol. 1, Fundo Deops/SP. Apesp.

CARTAS de Oswaldo Aranha, embaixador do Brasil nos Estados Unidos, a Getúlio Vargas, presidente do Brasil. Washington, 10.05.1937, 19.05.1937 e 4.6.37, p. 2. Pastas OA 37.05.19; OA 37.05.19; e OA 37.06.04/3. CPDOC/RJ.

CARVALHO, Brasilino de. *O Antissemitismo de Hitler...E o Julgamento Apressado de Alguns Escritores Brasileiros*. Bahia, s.e., 1934.

CUNHA, Euclides da. *À Margem da História*. 5. ed. Porto, Lello & Irmãos, 1941 (1ed. 1909)

FUCHS, Eduard. *Die Juden in der Karikatur ein Beitrag zur Kulturgeschichte*. München, Langen, 1921. Digital Collections of the University Library Regensburg.

LE Péril Juif: Les Protocoles des Sages de Sion. Paris, Les Nouvelles Editions Nationales, 1934.

DEBRET, Jean-Baptiste. *Viagem Pitoresca e Histórica ao Brasil*. São Paulo, Livraria Martins Fontes, 1940.

DRUMOND, Édouard. *La France Juive*. Paris, Flammarion Éditeur, 1938 (1ed. 1912).

_____. *Le Testament d'un Antisémite*. Paris, E. Dentu Éditeur, 1891.

ESSE, Herman. *Die Jüdische Welpest*. Munich, Zentralverlag der NSDAP, 1939.

FERREIRA, Jerusa Pires. "O Judeu Errante: A Materialidade da Lenda". *Revista Olhar,* Universidade Federal de São Carlos, Ano 2, n. 3, 2000, http://www.olhar.ufscar.br/index.php/olhar/article/viewFile/21/20

FRANCHI, Marcelo, "O Antissemitismo É uma Doença? A Chantagem Inaceitável", in: *Radio Islam,* http://www.radioislam.org/islam/portugues/antisem/doenca.htm

GOLD, Michael. *Judeus sem Dinheiro.* Rio de Janeiro, Record, 1982.

GUINET, Edgard. *Ahasvérus.* Paris, Revue de Deux Mondes, 1834.

JANSSEN, J. *Die Allgemeinen Zustände des deutschen Volkes beim Augsgang des Mittelalters.* Freiburg, 1887, t. 1.

LAZARE, Bernard de. *L'Antisémitisme: son Histoire et ses Causes.* Paris, Éditions Hean Cres, MCMXXXIV.

LIMA, Oswaldo Rocha. *Pedaços do Sertão.* Rio de Janeiro, A. Coelho Branco Filho Editor, 1940.

LUTERO, Martinho. *On the Jews and Their Lies. Apud* Robert Michael. "Luther, Luther Scholars, and the Jews". *Encounter* 46 (n. 4): 343-344, 1985.

MARLOWE, Christopher. *O Judeu de Malta.* Trad. de Júlio César Santoyo. Madrid, Cátedra. *Apud* Maria Eneida Matos da Rosa, "A Estética da Crueldade em *O Judeu de Malta".* Disponível em http://www.pucrs.br/edipucrs/online/vsemanaletras/Artigos%20e%20Notas_PDF/Maria%20Eneida%20Matos%20da%20Rosa.pdf. Consultado em 02.09.2013.

PARIS, Bruno Paulin Gaston. *Légendes du Moyen Age,* 4. ed. Paris, Hachette, 1912.

_____. *Le Juif Errant,* Première Etude. http://www.biblisem.net/etudes/parislje.htm. Consultado em 12.07.2013.

PEREIRA, Manoel Apolinário. *A Vida do Judeu Errante*. Cordel editado pela Folheria Luzeiro do Norte do grande poeta João José Silva, s.d., 32 pp. Coleção Ruth Terra, IEB/USP.

PONCINS, Léon de. *Sociétes des Nations Super-état Maçonique*. Paris, Gabriel Beauchesne et fils, MCMXXXVI.

_____. *As Forças Secretas da Revolução: Maçonaria-Judaísmo*. Porto Alegre, Livraria do Globo, 1931.

_____. *Freemasonry and the Vatican: A Struggle for Recognition*. Publisher Britons Publishing, 1968.

PERROUX, François. *Os Mitos Hitleristas*. São Paulo, Companhia Editora Nacional, 1937.

SCHOEBEL, *A Lenda do Judeu Errante*. Paris, 1877.

SIMON, Marcel. *Verus Israel*. Paris, 1948.

"Os JUDEUS e a "Questão Racial", in *Radio Islam*. Fonte: "Race-Mixing, a bigger threat to the people than terrrism", *National Journal*, publicado em 13.04.2009.

HIEMER, Ernst, *Der Giftpilz*. Nuremberg, Stürmerverlag, 1938. German Propaganda Archive.

SPRINGMEIER, Fritz, "The Power of the Rothschilds", in: http://rense.com/general77/powers.htm; Relatório *"Control" do Federal Reserve: Um Mito Antissemita Clássico"*, Anti-Defamation League, julho de 1995; reeditado em 2000, http://archive.adl.org/special_reports/control_of_fed/fed_rothschild.asp.

"JUDEU Errante". Lenda narrada em http://cronicasdeasgardh.blogspot.com.br/2006/05/o-judeu-errante.html.

PÔSTER da exposição *Der ewige Jude* (*O Judeu Errante*). Munique, em 8 de novembro de 1937.

DER ewige Jude, Ein dokumentarischer Film der D. F. G. Musik: Franz R. Friedl, 1940.

PRANAITIS, I. B. [Reverendo], "O Talmud Desmascarado", FdH, AAARGH, Internet, 2006, in: *Radio Islam*.

SUE, Eugène. *O Judeu Errante*. São Paulo, Editorial Paulista, s.d. Biblioteca Mindlin/USP.

OFÍCIOS

OFÍCIO de Muniz de Aragão, embaixador do Brasil em Berlim a Oswaldo Aranha, ministro das Relações Exteriores. Berlim, 26 abr. 1938. Ref. 511.14 (193). AHI/RJ.

OFÍCIO de Hildebrando Accioly, secretário geral, para Oswaldo Aranha, ministro das Relações Exteriores. Rio de Janeiro, 22.04.1938, p. 3-4. *Ofícios Recebidos*, abr. 1938. AHI.

PERIÓDICOS

O Campineiro, 10 de abril de 1849. São Paulo, Typografia Liberal, 1849. Biblioteca J. Mindlin/USP-SP.

REVISTA *Careta*. Rio de Janeiro, n. 1558, abr. 1938 [capa]; n. 1591, dez. 1938 [capa]. B.M.M.A/SP.

REVISTA *Careta*. Rio de Janeiro, n. 1470, ago. 1936, p. 39; n. 1460, jun. 1936; n. 439, jan. 1936, p. 31; n. 1449, mar. 1936, p.34; n. 1467, ago. 1936, p. 19; n. 1555, abr. 1938, capa; n. 1558, abr. 1938, capa; n. 1561, maio, 1938, capa; n. 1477, out. 1936, capa; n. 1580, out. 1938, p. 37. B.M.M.A/SP.

DIÁRIO do Rio de Janeiro, 5 dez. 1845.

BIBLIOGRAFIA

ANDRIÈS, Lise. *Le Grand Livre des Secrets – Le Colportage en France aux 17e et 18e siècles*, Paris, Éditions Imago, 1994.

ANDERSON, Benedict. *Comunidades Imaginadas: Reflexões sobre a Origem e a Difusão do Nacionalismo*. São Paulo, Companhia das Letras, 2008

ALCALA, Angel (org.). *Judios, Sefarditas, Conversos. La Expulsion de 1492 y Sus Consecuencias*. New York/Madrid, Ed. Âmbito, 1992.

APPEL, John; APPEL, Selma. *Comics da Imigração na América*. Trad. Sergio Roberto Souza. São Paulo, Perspectiva, 1994.

ARENDT, Hannah. *O Sistema Totalitário*. Lisboa, Dom Quixote, 1968.

ATAIDE, Maria das Graças; ATAIDE, Rosário. *História (nem sempre) Bem-humorada de Pernambuco*. Vol. 1. Recife, Edições Bagaço, 1999.

ATTALI, Jacques. *Os Judeus, O Dinheiro e o Mundo*. Trad. Joanna A. Dávila Melo. São Paulo, Saraiva, 2010.

BAUDELAIRE, Charles. "De l'essence du rire et généralement du comique dans les arts plastiques" (1855). In: LE-

MAITRE, Henri (ed.). *Curiosités Esthétiques*. Paris, Garnier, 1986.

BLUTEAU, Raphael. *Vocabulário Português e Latino, autorizado com exemplo dos melhores escritores portugueses e latinos e offerecido a El Rey de Portugal D. João V*, Coimbra, no Real Collegio das Artes da Cia de Jesus., MDCCXIII, p.122 e 134; *Dicionário Exegético, por hum Anônymo*, Lisboa, Officina Patriarcal de Franc. Ameno, 1781;

BOSI, Alfredo. *Dialética da Colonização*. São Paulo, Companhia das Letras, 1992.

CARNEIRO, Maria Luiza Tucci. *Cidadão do Mundo. O Brasil diante do Holocausto e dos Refugiados do Nazifascismo*. São Paulo, Perspectiva, 2011.

_____. *Preconceito Racial em Portugal e Brasil Colônia – O Mito da Pureza de Sangue contra os Cristãos-novos, Séculos XVI ao XIX*. 3. ed. São Paulo, Perspectiva, 2004.

_____ (org.). *O Antissemitismo nas Américas. História e Memória*. Prefácio de Pilar Rahola. São Paulo, Edusp, 2007.

COHN, Norman. *The Pursuit of the Millennium: Revolutionary Millenarians and Mystical Anarchists of the Middle Ages*. London and New York, Oxford University Press, 1970.

_____. *El Mito de la Conspiración Judia Mundial: Los Protocolos de los Sábios de Sión*. Madrid, Alianza Editorial, 1983.

COLOMBO, Eduardo. *El Imaginario Social*. Traducción de Bernard Weigel. Montevideo/ Buenos Aires, Editorial Altamira/Editorial Nordan-Comunidad, 1993.

CONNELLY, John. *From Enemy to Brother: The Revolution in Catholic Teaching on the Jews*. Cambridge, Harvard University Press, 2012.

CORDEIRO, Carlos (org.). *Autoritarismos, Totalitarismos e Respostas Democráticas*. Coimbra, CEIS20; Ponta Delgada,

Centro de Estudos Gaspar Frutuoso da Universidade de Açores, 2011.

CROCI, Federico; CARNEIRO, Maria Luiza Tucci (orgs.). *Tempos de Fascismos*. São Paulo, Edusp, Imprensa Oficial, Arquivo Público do Estado, 2011.

CUNHA, C. da. *Educação e Autoritarismo no Estado Novo*. São Paulo, Cortez, 1981.

ECO, Umberto. *Cemitério de Praga*. Rio de Janeiro, Editora Record, 2011.

EWEN, Frederic. *Brecht. Sua Vida, Sua Arte, Seu Tempo*. São Paulo, Editora Globo, 1991.

FIUZA, Mário. *Elucidário das Palavras, Termos e Frases, Edição Crítica Baseada nos Manuscritos e Originais de Viterbo*. 1. ed., Lisboa, Livr. Civiliz, 1798/1799.

FLANNERY, Edward. *A Angústia dos Judeus: História do Antissemitismo*. Tradução Olga Biar Laino. São Paulo, Ibrasa, 1968.

FONTETTE, François de. *História do Antissemitismo*. Rio de Janeiro, Jorge Zahar, 1989.

GIRARDET, Raoul. *Mitos e Mitologias Políticas*. Tradução de Maria Lucia Machado. São Paulo, Companhia das Letras, 1987.

GORENSTEIN, Lina; CARNEIRO, Maria Luiza Tucci (orgs.). *Ensaios sobre a Intolerância. Inquisição, Marranismo e Antissemitismo*. São Paulo, Humanitas/Fapesp, 2002.

ISAAC, Jules. *Las Raíces Cristianas del Antisemitismo*. Buenos Aires, Paidos, 1966.

KAISERLING, Meyer. *História dos Judeus em Portugal*. São Paulo, Pioneira, 1971.

KAMPMANN, Wanda. *Deutsche und Juden – Die Geschichte der Juden in Deutschland vom Mittelalter bis zum Beginn des Ersten Weltkrieges*. Frankfurt, M. Fischer, 1979.

Kossoy, Boris. *Realidades e Ficções na Trama Fotográfica*, 2. ed. São Paulo, Ateliê Editorial, 2001.

Lima, Rossini Tavares de. *Folclore das Festas Cíclicas*. Rio de Janeiro, Irmãos Vitale Editores, 1971.

Lipovetsky, Gilles. *Metamorfoses da Cultural Liberal: Ética, Mídia e Empresa*. Porto Alegre, Sulina, 2004.

Lopes, Helio. *Letras de Minas e Outros Ensaios*. São Paulo, Edusp, 1997.

Martins, Wilson. *História da Inteligência Brasileira*. Vol. iii, (1855-1877). São Paulo, Cultrix/Edusp, 1977.

Massenzio, Marcello. *La Passion selon le Juif Errant*. Traduit de l'italien par Patrice Cotensin. Paris, L'Echoppe, 2006.

Meyer, Marlyse. *Folhetim, Uma História*. São Paulo, Companhia das Letras, 1996.

Minois, Georges. *História do Riso e do Escárnio*. Trad. Maria Elena O. Ortiz Assumpção. São Paulo, Editora Unesp, 2003.

Monteiro, Yara Nogueira. *Da Maldição Divina à Exclusão Social: Um Estudo da Hanseníase em São Paulo*. Tese de Doutorado em História Social, Departamento de História, fflch, Universidade de São Paulo, 1995.

Monteiro, Yara Nogueira; Carneiro, Maria Luiza Tucci (orgs.). *As Doenças e os Medos Sociais*. São Paulo, Editora Unifesp, 2013.

Morais, Vamberto. *Pequena História do Antissemitismo*. São Paulo, Difel, 1972.

Mota, Ático Vilas-Boas da. *Queimação de Judas: Catarismo, Inquisição e Judeus no Folclore Brasileiro*. Rio de Janeiro, mec; seac; Funarte; Instituto Nacional do Folclore, 1981.

Novinsky, Anita. *Cristãos-novos na Bahia*. São Paulo, Perspectiva, 1972.

POLIAKOV, Léon. *De Cristo aos Judeus da Corte*. Tradução Jair Korn e Jacó Guinsburg. São Paulo, Perspectiva, 1979.

_____. *A Causalidade Diabólica 1. Ensaio sobre a Origem das Perseguições*. Tradução Alice Kyoko Miyashiro. São Paulo, Perspectiva/Associação Universitária de Cultura Judaica, 1991.

_____. *O Mito Ariano. Ensaios sobre as Fontes do Racismo e dos Nacionalismos*. São Paulo, Perspectiva, 1974.

RENONCIAT, Annie. *La Vie et l'Oeuvre de Gustave Doré*. Paris, ACR Edition, 1983. (343 illustrations).

ROBERTS, John. *Mythology of Secret Societies*. London, Secker & Warburg, 1972

ROTH, Cecil. *Pequena História do Povo Judeu*. São Paulo, Fundação Fritz Pinkuss CIP, 1963.

ROTH, Cecil. *A History of the Marranos*. New York, Meridian Books/The Jewish Publication Society of America, 1959.

SARAIVA, Antonio José. *Inquisição e Cristãos-novos*. Porto, Inova, 1969.

SEAVER, James Everett. *The Persecution of the Jews in the Roman Empire (300-428)*. Lawrence, Kansas, University of Kansas, 1952

SELTZER, Robert M. *Povo Judeu, Pensamento Judaico*. Rio de Janeiro, A. Koogan, 1990, 2 volumes.

SICROFF, Albert. *Les Controvers des Status de Pureté de Sang en Espagne du XV au XVII Siécle*. Paris, Libraire Marcel Didier, 1960.

TAGUIEFF, Pierre-André. *Les Protocoles des Sages de Sion. Introduction à l'Étude des Protocoles un faux et ses usages dans le siècle*. Paris, Berg International, 1992.

TILLIER, Bertrand. *À la Charge! La Caricature en France de 1789 à 2000*. Paris, Les Éditions de l'Amateur, 2005.

TRACHTENBERG, Joshua. *El Diablo y los Judios. La concepción medieval del judio y su relación con el antisemitismo moderno.* Buenos Aires, Editorial Paidos, 1975.

WEBB, James. *The Age of the Irrational. The Flight from Reason-1.* London, 1971.

_____. *The Occult Establishment.* La Salle, 1977, vol. II.

WEBER, Max. *A Ética Protestante e o Espírito do Capitalismo.* São Paulo, Companhia das Letras, 2004.

WINOCK, Michel. *La France et les Juifs, de 1789 à nos Jours.* Paris, Éditions du Seuil, 2004

WOLFF, Egon e Frieda. *Os Judeus no Brasil Imperial.* São Paulo, Centro de Estudos Judaicos/FFLCH-USP, 1975.

SOMBART, Werner. *El Apogeo del Capitalismo.* México, Fondo de Cultura Económica, 1984, 2 volumes.

TORGAL, Luis Reis; PAULO, Heloisa (orgs.). *Estados Autoritários e Totalitários e suas Representações.* Coimbra, Imprensa da Universidade de Coimbra, 2008.

VIDAL-NAQUET, Pierre. *Os Assassinos da Memória: Um Eichmann de Papel e Outros Ensaios sobre o Revisionismo.* Campinas, Papirus, 1988.

ARTIGOS

ALCALA, Angel. "Marranes: Le judaïsme laïque dans le nouveaux monde". In: ROSEMAN, I. (org.). *Juifs Laiques du Religieux Vers Culturel.* Paris, Corlet, 1992, pp. 92-96.

ANSART, Pierre, "Ideologías, conflictos y poder". In: COLOMBO, Eduardo. *El Imaginario Social.* Traducción de Bernard Weigel. Montevideo/Buenos Aires, Editorial Altamira/Editorial Nordan-Comunidad, 1993, pp. 101-102.

CAMATI, Anna Stegh. "O Mercador de Veneza, de Michael Radford: Adaptação, Historicização e Interpolação". In: CORSEUIL, Anelise Reich *et al.* (orgs.). *Ensaios de Literatura, Teatro e Cinema.* Florianópolis, Fundação Cultural Badesc/Cultura Inglesa, 2013.

CONNOLY, John. "Clérigos Nascidos Judeus Forçaram as Reformas do Concílio Vaticano II". In: Alfredo Braga. http://alfredobragasobcensura.wordpress.com/2012/08/21/os--convertidos-que-mudaram-a-igreja/

CREUTZ, W. "A Autenticidade dos Protocolos dos Sábios de Sião". *Os Protocolos dos Sábios de Sião.* Coleção Comemorativa do Centenário de Gustavo Barroso. Porto Alegre, Revisão, 1989.

DANIELE, Ariel. "Nada de Novo: É o Próprio Bergoglio a Confirmar-se Herege". *Pro.Roma. Mariana*, 30 de dezembro de 2013. http://promariana.wordpress.com/2013/12/30/nada-de-novo-e-o-proprio-bergoglio--a-confirmar-se-herege/

FELDMAN, Sérgio Alberto. "Deicida e Aliado: O Judeu na Patrística". *Academia.edu.* http://www.academia.edu/1375074/Deicida_e_aliado_do_demonio_o_judeu_na_Patristica

FEROLLA, Vitor Carvalho. "Existem Judeus Pobres". *Israel Today New.* www.thegreatcommandment.com/2008/existem-judeus-pobres.html.

FERNANDES, Cristiane Soares. "Resenha: Análise dos Conceitos Fundamentais Apresentados no Cap. 4 – Bosques Possíveis", do livro *Seis Passeios pelos Bosques da Ficção*, de Umberto Eco. http://pt.scribd.com/doc/23998943/Analise-do-livro-Seis-Passeios-pelos-Bosques-da-Ficcao-Umberto-Eco.

FERREIRA, Jerusa Pires. "O Judeu Errante: A Materialidade da Lenda". *Revista Olhar*/Centro de Educação e Ciências Humanas da UFSC, vol. 2, n.3, maio-jun, 2000, p. 25.

"EUA Denunciam Escalada do Ódio contra Judeus e Muçulmanos". In: *Portal Terra*, 20 de maio de 2013. http://noticias.terra.com.br/mundo/estados-unidos/eua-denunciam-escalada-do-odio-contra-judeus-e-muculmanos,4dcaaa33a92ce310VgnCLD2000000ec6eb0aRCRD.html

FROESE, Arno. "A Mais Perigosa Forma de Ódio aos Judeus: Os Árabes Adotam Mitos Antissemitas Europeus". *Revista Notícias de Israel*, agosto de 2013.

GORDON, Peter E. "The Border Crossers". *New Republic,* 18 may 2012; http://www.newrepublic.com/article/books-and-arts/magazine/103331/catholic-jewish-anti-semitism-pope-vatican-nazis

GRAHAM, Billy [Reverendo]. "Mel Gibson Grants Billy Graham Advance Look at 'Passion'". *Florida Baptist Witness.* http://www.floridabaptistwitness.com/1987.article.print.

KLIKSBERG, Bernardo. "A Comunidade Judaica da Argentina em Perigo". *Morashá*, edição 36, março de 2002. Link: www.morashá.com.br/conteudo/ed36/com_argentina.htm. Consultado em 05.07.2013.

MACNEIL Jr., Donald G. "As Epidemias e os Bodes Expiatórios". Caderno "The New York Times", *Folha de S. Paulo*, 14 de setembro de 2009.

NOBLAT, Ricardo. "Fatos e Fotos e Manchete". *Apud* CURRAN, Mark J. *História do Brasil em Cordel*. São Paulo, Edusp, 2001, p. 24-25.

NOVINSKY, Anita. "Consideraciones sobre los criptojudíos hispano-portugueses: El caso de Brasil". In: HANSAN-GOKEN, Galit. *Le Juif Errant est Revenu*. Commissaire de l'exposition Laurence Sigal-Klagsbald, Musée d'Art et d'Histoire du Judaïsme, 2001.

PARADISO, S. R. "Shakespeare: Antissemita? A Imagem do Judeu em *O Mercador de Veneza*". *Revista Cesumar. Ciências Humanas e Sociais Aplicadas*, Maringá, vol. 13, n. 1, 2008, p. 115.

PEREIRA, Kenia Maria de Almeida. "O Judeu Errante nas Minas Gerais: Carlos Drummond de Andrade em Busca de Ahasverus". *Arquivo Maaravi: Revista Digital de Estudos Judaicos da* UFMG, Belo Horizonte, vol. 7, n. 13, out. 2013.

RAHOLA, Pilar. "Um Vestido Novo para um Ódio Antigo", "http://www.pt.chabad.org/library/article_cdo/aid/1653761/jewish/Um-Vestido-Novo-Para-Um-dio--Antigo.htm

SANTOS, Celi Barbosa dos; PARADISO, Silvio Ruiz. "A Imagem do Judeu na Literatura Britânica: Shylock, Barrabás e Gafin". *Diálogos & Saberes*, Mandaguari, vol. 8, n. 1, 2012, pp. 213-231.

SAUVAGET, Bernadette. "Le Juif Errant est Revenu". *La Vie*, n. 2931, 31 out. 2001. Disponível: http://www.lavie.fr/archives/2001/10/31/le-juif-errant-est-revenu,3789703.php.

SORJ, Bila. "Antissemitismo na Europa Hoje". *Novos Estudos – Cebrap*, n. 79. São Paulo, nov. 2007. http://www.scielo.br/pdf/nec/n79/05.pdf.

STORCH, Moisés. "A Satanização dos Estados Unidos e de Israel e a Manipulação do Sofrimento Palestino", publicado em 20 de setembro de 2001 no site *Paz Agora*. http://www.pazagora.org/2001/09/a-satanizacao-dos--estados-unidos-e-de-israel-e-a-manipulacao-do-sofri-mento-palestino/

VENCESLAU, Paulo de Tarso; FREIRE, Alipio. Entrevista "Jacob Gorender", *Revista Teoria e Debate*, edição 11, 01 julho 1990. Disponível http://www.teoriaedebate.org.br/materias/nacional/jacob-gorender#sthash.J9JPmPlg.dpuf

WEITMAN, Rabino Y. David. "Introdução: O Significado Profundo da Dispersão e das Migrações do Povo Judeu". *Recordações da Imigração Judaica em S. Paulo*. São Paulo, Maayanot, 2013, pp. 9-18.

OBRAS DE REFERÊNCIA

DICIONÁRIO Histórico-Biográfico Brasileiro. Coord. Israel Beloch e Alzira Alves de Abreu. Rio de Janeiro, Forense Universitária, CPDOC/FGV, Finep, 1985, vol. 1.

O'BRIEN, Joanne; PALME, Martin. *Atlas das Religiões*. São Paulo, Publifolha, 2009.

TESES E DISSERTAÇÕES

LUZ, Enrique. *"O Eterno Judeu": Antissemitismo e Antibolchevismo nos Cartazes de Propaganda Política Nacional-Socialista (1919-1945)*. Dissertação de Mestrado em História, da Faculdade de Filosofia e Ciências Humanas da UFMG, 2006.

SOUZA, Maurini de. *A Trajetória do Tratamento de Segunda Pessoa em Textos Publicitários durante o Século XX: Um Estudo Comparativo entre Brasil e Alemanha*. Tese de Doutorado, Programa de Pós-Graduação de Estudos Linguísticos, do setor de Ciências Humanas, Letras e Artes. Curitiba, Universidade Federal do Paraná, 2012. http://dspace.c3sl.ufpr.br/dspace/bitstream/handle/1884/26951/VERSAO%20FINAL.pdf?sequence=1

SITES CONSULTADOS

http://www.kdfrases.com/frase/91297
http://www.chabad.org.br/biblioteca/artigos/vestido/home.html
http://www.radioislam.org/islam/portugues/portu.htm
https://collections.ushmm.org
https://collections.ushmm.org/search/catalog

VÍDEOS

DAILYMOTION: "Sionistas Dominam a Mídia no Brasil": http://www.dailymotion.com/video/xyvq8v_sionistas--controlam-a-midia-do-brasil-israelitas-falsos-judeus--asquenazitas-jafetitas_animals; http://www.dailymotion.com/video/xyvu7u_os-protocolos-dos-sabios-de-siao-parte-7-de-7-nova-ordem-mundial-e-religioes_animals. Disponíveis em: 11.09.2013.

SOBRE A AUTORA

Maria Luiza Tucci Carneiro (1949)

Historiadora e Professora Associada do Departamento de História da FFLCH, Universidade de São Paulo, credenciada nos seguintes Programas de Pós-Graduação da Universidade de São Paulo: História Social da FFLCH/USP; Direitos Humanos da Faculdade de Direito São Francisco/USP; e Língua Hebraica e Árabe, FFLCH-USP. Coordenadora do LEER – Laboratório de Estudos sobre Etnicidade, Racismo e Discriminação, do Departamento de História, onde desenvolve o projeto Arqshoah – Arquivo Virtual sobre Holocausto e Antissemitismo.

AUTORA DOS LIVROS: *Olhares de Liberdade: CIP – Espaço de Resistência e Memória.* (CIP, 2018); *Cidadão do Mundo. O Brasil diante do Holocausto e dos Refugiados do Nazifascismo, 1938-1948* (Perspectiva, 2011), publicado em 2013, em alemão pela LIT Verlag sob o título *Wel-*

*tbürger. Brasilien und die Jüdischen Flüchtlinge 1933-
-1948.* Tradução Marlen Eckl; *Brasil Judaico, Mosaico
de Nacionalidades* (Maayanot, 2013); *O Preconceito Racial
em Portugal e Brasil Colônia. Os Cristãos-novos e o
Mito da Pureza de Sangue* (3ª ed., Perspectiva, 2005); *O
Antissemitismo na Era Vargas. Fantasmas de uma Geração*
(3ª ed., Perspectiva, 2001); *Brasil, Refúgio nos Trópicos.
A Trajetória dos Judeus Refugiados do Nazifascismo*
(Estação Liberdade, 1997); *Livros Proibidos. Ideias
Malditas* (2ª ed. Ateliê Editorial, 2002); *O Veneno da
Serpente. Reflexões sobre o Moderno Antissemitismo no
Brasil* (Perspectiva, 2003); *Holocausto. Crime contra a
Humanidade* (Ática, 2000); *O Racismo na História do
Brasil: Mito e Realidade* (8ª ed., Ática, 1999).

PUBLICAÇÕES EM COAUTORIA: *Histórias de Vida dos Sobreviventes
do Holocausto e Refugiados do Nazifascismo,*
organizado com Rachel Mizrahi (Maayanot, Coleção
Vozes do Holocausto, 2017-2018, vols. 1-2-3-4-5); *Judeus
e Judaísmo na Obra de Lasar Segall,* em coautoria
com Celso Lafer (Ateliê Editorial, 2004); *O Olhar Europeu:
O Negro na Iconografia Brasileira do Século XIX,*
em coautoria com Boris Kossoy (2. ed., Edusp, 2002);
A Imprensa Confiscada pelo DEOPS, 1924-1954, em coautoria
com Boris Kossoy (São Paulo, Ateliê Editorial;
Imprensa Oficial; Arquivo do Estado, 2003).

Organizadora das coletâneas: *Índios no Brasil: Vida, Cultura e Morte*, em coautoria com Miriam Rossi (Intermeios); *Recordações dos Primórdios da Imigração Judaica em S. Paulo* (Maayanot, 2013); *As Doenças e os Medos Sociais,* em coautoria com Yara Monteiro (Unifest, 2012); *Tempos de Fascismos*, em coautoria com Federico Croci (Edusp; Arquivo Público do Estado, Imesp, 2009); *Imigrantes Japoneses no Brasil*, em coautoria com Marcia Yumi Takeuchi (Edusp; Fapesp, 2008); *O Antissemitismo nas Américas. História e Memória* (Edusp, 2008, 684 pp.); *Minorias Silenciadas: História da Censura no Brasil* (2ª ed., Edusp, Fapesp, 2002); *Ensaios sobre a Intolerância. Inquisição, Marranismo e Antissemitismo*, em coautoria com Lina Gorenstein (Humanitas, 2002).

Coordenadora das Coleções: Vozes do Holocausto (Maayanot); Histórias das Imigrações (Edusp); Série Inventário Deops (Humanitas); Histórias da Repressão e da Resistência (Humanitas); Histórias da Intolerância (Humanitas); Testemunhos (Humanitas).

TÍTULO	*Dez Mitos sobre os Judeus*
AUTORA	Maria Luiza Tucci Carneiro
EDITOR	Plinio Martins Filho
PRODUÇÃO EDITORIAL	Aline Sato
CAPA E PROJETO GRÁFICO	Negrito Produção Editorial
REVISÃO DE TEXTO	Geraldo Gerson de Souza
EDITORAÇÃO ELETRÔNICA	Camyle Cosentino
FORMATO	12 × 18 cm
TIPOLOGIA	Granjon
NÚMERO DE PÁGINAS	296
PAPEL	Cartão Supremo 250 g/m² (capa)
	Chambril Book 90 g/m² (miolo)
CTP, IMPRESSÃO E ACABAMENTO	Cromosete